PETER EBELING

# 20 Stufen zum Verkaufserfolg

Ein erprobtes System —
aus der Praxis für die Praxis

Weitere Titel der Reihe »Marketing und Verkauf«

205 100 Tips für Verkäufer ☐
207 500 Verkäufersünden ☐
209 20 Stufen zum Verkaufserfolg ☐
210 250 Verkäuferleitsätze ☐
212 Reden ohne Lampenfieber ☐
213 Mehr und besser verkaufen durch Planung ☐

Zündende Verkaufsideen ☐
Pfiffige Zitate für Verkäufer ☐

PETER EBELING

# 20 Stufen zum Verkaufserfolg

8., erweiterte Auflage

verlag moderne industrie

Dieses Werk will Sie beraten, die Angaben sind nach bestem Wissen zusammengestellt, jedoch kann eine Verbindlichkeit aus ihnen nicht hergeleitet werden.

CIP-Kurztitelaufnahme der Deutschen Bibliothek

*Ebeling, Peter:*
20 [Zwanzig] Stufen zum Verkaufserfolg/
Peter Ebeling. — 8. Aufl. — Landsberg am
Lech: Verlag Moderne Industrie 1989
ISBN 3-478-59209-7
NE: GT
(mi-Taschenbücher, 209: Marketing und
Verkauf)

1. Auflage 1976
2. Auflage 1977
3. Auflage 1979
4. Auflage 1981
5. Auflage 1983
6. Auflage 1986
7. Auflage 1988
8. erweiterte Auflage 1989


Schutzumschlagentwurf: Holger Haebler, Werbegrafik
Druck- und Bindearbeiten: Presse-Druck, Augsburg
Printed in Germany 590209/188201
ISBN 3-478-59209-7

# Inhalt

# Einleitung

Gerade heute ändern sich die Menschen und Güter durch den rapiden Wandel auf allen Gebieten des Berufes und Lebens rascher denn je.

So muß auch der Verkäufer, wie viele andere Berufstätige auch, ständig an seiner Weiterbildung arbeiten, um erfolgreich zu sein und zu bleiben.

Leider muß man bei der Zusammenarbeit mit Verkäufern und in Verkaufstrainings-Seminaren immer wieder feststellen, daß viele noch mit den Argumenten und Methoden von gestern, sich dessen oft unbewußt, und ohne neue Überlegungen arbeiten. Kein Wunder, daß der gewünschte Erfolg dann für Firma und Verkäufer ausbleibt. Fast über Nacht hat sich der Markt, Verbraucher und Handel in der Betrachtungsweise geändert. – Ideengut, Vorgehensweise, Strategien und Verhandlungsmethodik, die einst ankamen, »ziehen« heute nicht mehr. Wie heißt es doch so treffend? »Die Sahne von heute ist der Käse von morgen!« Deshalb muß der Verkäufer mehr denn je seine Arbeitsweisen, Argumente, Strategien und Ideen ändern, weiterentwickeln, überdenken, korrigieren und trainieren, wenn er sich gegen die ständig zunehmende Konkurrenz durchsetzen will.

Früher bediente man sich mit großem Erfolg der amerikanischen AIDA-Formel: Aufmerksamkeit, Interesse, Demonstration und Abschluß als Richtschnur und rotem Faden in der Gesprächsführung. Heute gehört aber viel mehr zum Verkaufen!

Denken wir nur allein an die zunehmend notwendige Vorbereitung für den Besuch und die vielen zu erledigenden Arbeiten nach dem Besuch!

Die genaue Betrachtung und Durchführung dieser Faktoren entscheidet doch immer mehr über den endgültigen Erfolg, ob wir echte Partner im Markt gewinnen.

Praktiker an der Front, Werbefachleute, Verkaufsleiter, Geschäftsführer, Supermarkt-Leiter, Einkäufer und die vielen anderen wissen, daß es heute immer schwieriger wird, erfolgreich zu verkaufen. Die Industrie, der Handel und der Verbraucher sind anspruchsvoller, intelligenter und kritischer geworden in ihren Einkaufsentscheidungen. Technische Hilfsmittel wie Computer und die allgemeine Mechanisierung und Rationalisierung in den Betrieben haben die Verhandlungsmöglichkeiten des Verkäufers erschwert. Die Aufdeckung der »Einkaufsbeeinflusser« wird von Tag zu Tag schwerer. Es ist deutlich zu sehen, daß sich der Trend von dem emotionellen Schwerpunkt immer mehr und mehr zu einer Versachlichung hin bewegt. Dieser Trend bleibt nicht ohne Konsequenzen für all die, die in der Absatzwirtschaft und dem Vertrieb tätig sind.

Als Verkaufstrainer und Dozent habe ich nach jahrelanger Arbeit in mehreren Branchen einen neuen, praxisnahen Verkaufsstufenplan erarbeitet. Diese 20 Stufen zum Verkaufserfolg sind ein systematisches Trainings-Programm für Verkäufer aller Sparten und Gebiete. Dieses neue System ist nicht am grünen Tisch entstanden, sondern in der Praxis für die Praxis. Neu hinzugekommen sind die 285 PE Top-Tips — Praxis-Regeln aus der Praxis für die Praxis, die Sie als Checkliste verwenden können.
Viel Glück und Freude wünschen wir Ihnen.

6535 Gau-Algesheim

*Peter Ebeling BDVT*
Fachtrainer für
Rhetorik und
Verkauf

## Trainingstips für den Leser

*Stufe ·A· Allgemeines*

- Buch mitnehmen und auch »zwischen« lesen und bearbeiten
- Inhaltsverzeichnis lesen und studieren
- Das gesamte Taschenbuch kurz überfliegen, danach
- konzentriert und langsam lesen mit Bleistift.

*Stufe ·B· Einleitung Tips und Hinweise*

- Überschrift jedes Kapitels immer »geistig« notieren
- Einleitung durchlesen und Wichtiges unterstreichen
- Dann Tips und Hinweise studieren
- Praxis Beispiele durchdenken
- Taschenbuch im Auto und unterwegs mitnehmen.

*Stufe ·C· Beispiele aus der Praxis*

- Buch schließen und kurz »nachdenken«
- Eigene Ideen und Maßnahmen »durchdenken«
- Fragen aus der Praxis durchlesen
- Hauptsinn und Kernidee erfassen
- Eigene Erfahrungen Revue passieren lassen.

*Stufe ·D· Ausbildung und Training*

- Die Hinweise lesen und anwenden in der Praxis
- Wichtige Maßnahmen auf DIN A 6 »Trainingskarten« aufschreiben und täglich in die Anzugtasche stecken.
- Bedenke immer: »Übung macht den Meister«
- Nur ein Trainingsziel pro Woche vornehmen
- Ständige Selbstmotivation und Ansporn zusprechen.

*Stufe ·E· Fragen und Aufgaben*

- Fragen und Aufgaben durchdenken und ausarbeiten
- Mit Seminar-Teilnehmern oder Verkaufskollegen diskutieren
- Konsequenzen für die Praxis ziehen
- Glauben Sie an Ihren Erfolg

## 20 Stufen im Verkaufsprozeß

(Bitte ordnen – Nummer hineinschreiben von 1–20)

- ○ Kontrollfragen und Zustimmung erzielen
- ○ Zielfestlegung
- ○ gekonnte Verabschiedung
- ○ neue Ziele festlegen
- ○ Erfolgswille – Entwicklung
- ○ Auftrag und Unterschrift
- ○ Selbstkontrolle durchführen
- ○ Wissen erwerben
- ○ Einwände entkräften
- ○ Kunden-(Vor-) Information
- ○ Angebots-Vorschlag
- ○ Gezielte Wünsche wecken
- ○ Service und Merchandising durchführen
- ○ Kunden überraschen und begeistern
- ○ Fragen stellen und zuhören
- ○ Hauptfakten präsentieren
- ○ Allgemeine Analyse und Planung
- ○ Vertrauen und Glaubwürdigkeit gewinnen
- ○ Takt und Sympathie gewinnen
- ○ Kundennutzen herausstellen

# STUFE 1

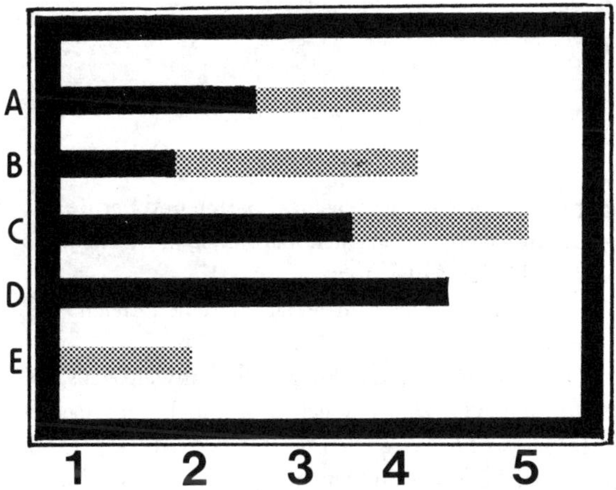


| | |
|---|---|
|  | Ziele Phase 1 |
|  | Ziele Phase 2 |
| A B C D E | Klassifizierung |
| 1 2 3 4 5 | Zeiteinheit |

# Stufe Nummer 1 – Ziele festlegen

## Einleitung

Leider gibt es viele Menschen aller Sparten und Berufe, die nur so in den Tag hineinleben, ohne sich klare Ziele zu stecken. Natürlich auch der Verkäufer schlechthin.

Emil Oesch sagt: »Mangel an geklärten, reinen Zielen ist das Übel unserer Zeit.«

Und Dale Carnegie sagte: »Sobald die Umwelt weiß, wohin du willst, wird die Welt zur Seite gehen und dich vorbeilassen.«

Wissen Sie, wohin Sie wollen?

Ja, Sie haben Wünsche und Hoffnungen, aber haben Sie auch klare Konzeptionen für heute, morgen und übermorgen? Sind Sie bereit, dafür einen Preis zu zahlen? Wenn nicht, dann sind das keine echten Ziele.

Hunderte von ehrgeizigen Sportlern in aller Welt beginnen sofort nach einer Olympiade wieder, Tag für Tag für die kommende Olympiade, ihr gestecktes Ziel, zu trainieren. »Erfolg kommt nicht von ungefähr«, heißt schon ein Buchtitel. Sie müssen unbedingt wissen, wohin sie wollen. Menschen können Ihnen helfen, aber das Wollen muß von Ihnen kommen. Wie heißt doch gleich das Sprichwort? »Man kann das Pferd zur Tränke bringen, aber trinken muß es allein.« Gleich noch eine chinesische Weisheit: »Es ist immer später als du denkst!«.

Also heran an die Arbeit und packen Sie den Stier bei den Hörnern. Bedenken Sie immer: wenn Sie Ihre Ziele nicht selber festlegen, dann tun es meistens andere für Sie.

## Warum sind Ziele wichtig?

Beschäftigen wir uns kurz mit einigen Gründen, warum Ziele für unser Vorankommen so wichtig sind.

Hier einige Überlegungen:

- Durch Unentschlossenheit und Zersplitterung sind Sie wie ein verlorener Wanderer in der Wüste.
- Durch mangelnde Ziele verlieren Sie viel Zeit.
- Durch Unentschlossenheit vergeuden Sie Energie, Kraft und Willensstärke.
- Viele haben entgegengesetzte Ziele, die notgedrungen zu Frustration und psychosomatischen Störungen führen müssen.
- Sie können nicht alles erreichen, Sie müssen Ihre Ideen, Wünsche und Ziele gewichten und sich Prioritäten setzen.

## Einige Anregungen, sich Ihr Ziel zu stecken:

- Wo stehe ich privat und beruflich?
- Habe ich den richtigen Beruf gewählt?
- Oder habe ich den Beruf nur ergriffen auf Wunsch meiner Eltern, was leider oft der Fall ist, oder aus einer Notsituation am Arbeitsmarkt heraus?
- Was kann ich besonders gut?
- Kenne ich eigentlich meine Talente und Fähigkeiten?
- Was habe ich bis jetzt falsch gemacht?
- Was sollte ich besser machen?
- Habe ich bisher mehr reagieren müssen, oder war ich selbst der Motor, der Agierende?
- Weiß ich, ob ich ein intro- oder extrovertierter Mensch bin?
- Wo liegen meine Grenzen – kenne ich diese überhaupt wirklich?
- Bin ich bereit, das, was ich wirklich nicht ändern kann, zu akzeptieren und mich entsprechend zu verhalten?
- Ein griechisches Sprichwort sagt: »Eine Niederlage ist manchmal der erste Schritt zum Sieg.«

## Wie können wir unsere Ziele realisieren?

Es ist wichtig und bedeutsam, daß Sie häufig über die von Ihnen angestrebten Ziele nachdenken.

- Viele Wege und Möglichkeiten kommen aus dem Unterbewußtsein, wenn man sich gedanklich mit den Problemen beschäftigt.
- Notieren Sie alle Blitzideen, die Ihnen kommen, sei es im Büro, im Auto, zu Hause, beim Rasieren oder auf dem Spaziergang. Sie sind oft ein wichtiger Wegweiser.
- Wer sich ein Ziel steckt, sich dafür bedingungslos einsetzt und alle Kräfte darauf konzentriert, wird es auch meistens erreichen und dadurch viel Lebensbefriedigung finden.
- Goethe sagte: »Alles wird wohl in Ordnung kommen mit der Zeit, wenn Sie wissen, was Sie wollen, es tun können und unermüdlich arbeiten und handeln.«

## Wie können wir diese Ziele in die Tat umsetzen?

- Überdenken Sie ab heute Ihre beruflichen und privaten Ziele genau.
- Nehmen Sie sich einmal an einem Wochenende die Zeit, Ihre Ist/Soll-Situation zu überdenken.
- Arbeiten Sie mit Block und Kugelschreiber, um Ihre Ideen und Gedanken einzufangen.
- Durch die Visualisierung wird sich ein akzeptabler Lebensplan herauskristallisieren.
- Unterteilen Sie Ihre Ziele in Kategorien und Schemata.
- Legen Sie sich eine Prioritätenliste an.
- Überdenken Sie dann während der nächsten Wochen noch einmal Ihre Ziele genau.
- Streichen oder ergänzen Sie diese, bis die Konzeption für Sie endgültig feststeht. (Die Prioritäten verschieben sich durch weiteres Nachdenken, das hat oft die Erfahrung gezeigt).
- Besprechen Sie Ihre privaten Ziele mit Ihrer Familie und die beruflichen mit Ihren Vorgesetzten.

### Firmenziele und Prioritäten

- Umsatzziele nach Produkten
- Welche Distributionsziele werden verlangt?
- Welche Plazierungsvorstellung haben wir im Markt?
- Wie liegt die Gewichtung meiner Geschäfte?
- Wollen wir Sortiments- oder Spezialitätenverkauf?
- Wo sollen die Schwerpunkte meiner Arbeit liegen?

### Was man bei einer persönlichen Ist-Analyse berücksichtigen sollte

- Wo liegen meine Fähigkeiten?
- Wo liegen meine Talente?
- Welche Erfahrungen kann ich nutzbringend anwenden?
- Welche Stärken und Schwächen beeinflussen meine Arbeit?
- Wo liegen eigentlich meine Hauptinteressen?
- Welche Arbeiten oder Gebiete machen mir Spaß und Freude?
- Helfen mir meine Schul- und Lehrjahre im Beruf, oder wäre ein anderer Zweig für mich besser geeignet?

### Allgemeine Tips:

- Überprüfen Sie Ihre Ziele mindesten einmal im Jahr gründlich.
- Verwenden Sie die Technik der Selbstmotivation durch eigenes Zusprechen und Mutmachen: Ich muß, ich will, ich kann!
- Suchen Sie unbedingt Kontakte zu Menschen, die bereits das von Ihnen angestrebte Ziel erreicht haben.
- Versuchen Sie immer, ein geistiges Bild von Ihren Wünschen und Zielen vor sich zu sehen.
- Suchen Sie sich einen guten, loyalen Freund, mit dem Sie gelegentlich einen Gedankenaustausch führen können. Durch so ein Gespräch gewinnen Sie beide.

- Glauben Sie fest daran, daß Sie Ihre Ziele auch erreichen werden, selbst wenn es im Augenblick fast unmöglich erscheint, vieles dagegen spricht, oder andere Ihnen eventuell sogar abraten.

## Ein Beispiel aus der Praxis:

Ein Apotheker war unzufrieden und wollte seinen Beruf mit 45 Jahren wechseln. Nach reiflichen Überlegungen beschloß er dann aber, das Beste aus seinem Beruf zu machen. Er war wie neu geboren, arbeitete schwer und baute einen Tag-und-Nacht-Kundendienst auf. Er wollte besser und schneller als all seine Konkurrenten werden.

Während er noch mit einem Kunden am Telefon sprach, notierte ein Angestellter bereits die Bestellung und gleich darauf war schon der Bote mit dem Fahrrad unterwegs, um die Ware auszuliefern. Nicht sehr lange nach Beendigung des Telefongesprächs klingelte es schon an der Haustür des Kunden. – Das Geschäft des Apothekers blühte und es gelang ihm später darüber hinaus, eines der größten Postversandgeschäfte aufzubauen.

## Ausbildung und Training

1. Durchdenken Sie häufig Ihre kurz-, mittel- und langfristigen Ziele. ○
2. Gehen Sie Ihren Weg und lassen Sie sich nicht beirren. ○
3. Ausdauer und Geduld sind die wichtigsten Bestandteile des Erfolges. ○
4. Vergleichen Sie monatlich, welche Erfolge Sie bereits erzielt haben. ○
5. Machen Sie eine Fehler-Analyse und leiten Sie Maßnahmen für deren Verbesserung oder Korrektur ein. ○

## Ziel-Planungs-Bogen (A)

Meine Ziele sind (nun konkret gesehen)

*Persönlich:* Kurzfristig Termin

- 
- 
- 
- 
- 
- 
- 

Mittelfristig Termin

- 
- 
- 
- 
- 
- 
- 

Langfristig

- 
- 
- 
- 

(Besprechen Sie dies mit Ihrer Familie) Datum

**Ziel-Planungs-Bogen (B)**

Meine Ziele sind:

| | | |
|---|---|---|
| *Beruflich:* | Kurzfristig | Termin |
| | • | |
| | • | |
| | • | |
| | • | |
| | • | |
| | • | |
| | Mittelfristig | Termin |
| | • | |
| | • | |
| | • | |
| | • | |
| | • | |
| | • | |
| | • | |
| | Langfristig | Termin |
| | • | |
| | • | |
| | • | |
| | • | |
| | • | |

(Bitte gut aufbewahren und monatlich studieren!) Datum

## Fragen und Aufgaben

1. Was verstehen Sie unter dem Wort: Ziel?

2. Warum sind Ziele wichtig?

3. Erarbeiten Sie schriftliche Zielpläne
   a) beruflich b) privat

4. Nennen Sie einige Vorteile, wenn »Ihr Ziel« festliegt.

5. Nennen Sie konkret einige Zielpläne, die es geben könnte.

## Zum Nachdenken

- Du bist so alt wie deine Ziele.
- Leben bedeutet Veränderung – und Veränderung bedeutet Tun.
- Was für den Sportler die Stoppuhr, ist für den Verkäufer die Zielzahl.
- Die größten Feinde der Realisierung unserer Ziele sind Faulheit und Ablenkung.
- Viele kurze Ziele bringen uns dem Langzeitziel näher.

## STUFE 2

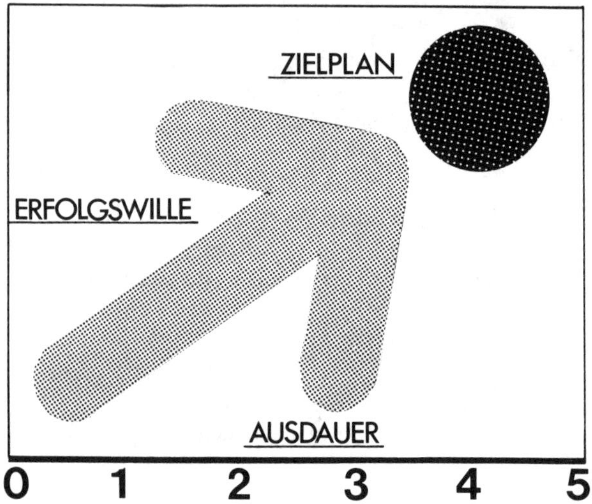


| | |
|---|---|
| ● | **Zielrichtung** |
| ➔ | **Kräfte-Konzentration** |
| 012345 | **Zeitdauer** |
| | |

# Stufe Nummer 2 – Erfolgswille und Ausdauer sind wichtig

## Einleitung

Alle Ziele, Ideen und Wünsche sind nur realisierbar, wenn ein Verkäufer bereit ist, sie mit allen ihm zur Verfügung stehenden Kräften in die Tat umzusetzen.

Henry Ford hat einmal gesagt: »Man kann sich einen guten Namen nicht auf Grund der Dinge verschaffen, die man sich vornimmt, aber dann doch nicht tut.«

Und ein Humorist drückte es so aus: »Wenn mein Vater mehr gearbeitet hätte, wäre ich heute Millionär!«

Wer sein Leben auf Dienst aufbaut, hat nicht umsonst gelebt. Aus den Biografien der Erfolgreichen spricht immer der unübersehbare Erfolgswille: Christoph Kolumbus, der sich in seinem Lebensziel niemals beirren ließ, Demostenes, der Rhetoriker, der mit Kieselsteinen im Mund sprechen übte, um seinen Sprachfehler zu beheben, Präsident Roosevelt, der trotz seiner Lähmung Präsident der Vereinigten Staaten wurde, Helen Keller, die »ihren Mann« stand und uns bewies, daß auch taubstumme Menschen arbeiten und ihr Ziel erreichen können.

## Warum ist Erfolgswille und Ausdauer wichtig?

- Ich konnte immer wieder feststellen, daß die besten Verkäufer die sind, die ein hohes Maß an Erfolgswillen und Ausdauer besitzen.
- Viele Personal-Chefs und Vertriebsleiter berücksichtigen diese sehr wichtigen Voraussetzungen für den erfolgreichen Verkäufer zu wenig.

- Nur wer im Leben ständig weiter kämpft, siegt letzten Endes.
- Es ist wichtig, die richtige Sache zur richtigen Zeit und mit den richtigen Menschen zu tun.
- Aus Erfahrung kann man oft sehen, daß Erfolg weitere Erfolge nach sich zieht.

## Wie gehen wir vor?

- In gewissem Maß muß der Verkäufer die Kunst des Vordrängens beherrschen.
- Wenn Sie eine Niederlage erleiden, dann stehen Sie nochmals auf und kämpfen Sie weiter.
- Eine Erfolgsformel für den Verkauf:
  Lange Jahre habe ich nach einer magischen Formel gesucht. Heute kenne ich sie: Harte Arbeit!
- Sie müssen schon bereit sein, auf einiges zu verzichten, wie beispielsweise einen Teil Ihrer Freizeit.
- Akzeptieren Sie persönliche Herausforderungen damit, einfach besser zu sein als andere.
- Lassen Sie die Arbeit zur Arbeitsfreude werden. – Arbeiten Sie mit mehr Schwung und Begeisterung, es beeinflußt auch andere.
- Denken Sie nicht zu oft an die Vergangenheit, sondern leben Sie in der Gegenwart, denn nur das Jetzt zählt.

## Erfolg-haben-wollen bedeutet harte Arbeit

- Deshalb denken Sie an Ihre Gesundheit, treiben Sie Sport, wie Schwimmen, Gymnastik, Waldlauf, Fußball, Tennis usw.
- Seien Sie hart und konsequent darin, Ihren Erfolgswillen und Ausdauer zu trainieren.
- Es ist eine Hilfe, Gleichgesinnte zu finden, die einen ermutigen und anspornen.
- Denken Sie immer daran, welche Vorteile Ihnen der Erfolg bringen wird.

- Akzeptieren Sie Fehlschläge, die Sie oft sogar erst auf den richtigen Weg bringen.
- Verbessern Sie von Tag zu Tag Ihre Konzentrationsfähigkeit.
- Führen Sie jede Aufgabe und Tätigkeit zu Ende, auch wenn Sie dazu mitunter gar keine Lust haben.
- Vermeiden Sie alle Zersplitterungen, die Sie von Ihren Zielen ablenken und Ihre Kräfte unnötig strapazieren.
- Rechnen Sie mit Mißgunst und Neid anderer Menschen, die nicht die entsprechende Energie aufbringen können oder wollen.
- Seien Sie immer bereit, etwas mehr zu tun als notwendig, denn nur so sind Sie frei und nicht versklavt.

## Wenn ich nur die Zeit hätte...

- Teilen Sie die vorgenannten Punkte in Zielpläne auf.
- Nützen Sie alle Zeitreserven aus, die sich Ihnen anbieten.
- Trainieren Sie tagtäglich Ihren Erfolgswillen, indem Sie sich belastbar machen und die gesteckten Tagesziele zu erreichen versuchen.
- Arbeiten Sie so lange, bis Sie Ihre Arbeit gründlich und sorgfältig zu Ende geführt haben.
- Besuchen Sie nur einen Kunden pro Tag mehr und der Erfolg wird bestimmt nicht ausbleiben.
- Messen Sie sich nur mit Menschen, die tüchtiger sind als Sie.

## Beispiel 1 aus der Praxis

*Der Pastor, der nicht zu erreichen war*

Herr Gegerenzer erzählte bei einem Verkaufstrainingsseminar folgende Geschichte:

Ich hatte in Erfahrung bringen können, daß in der Nähe eines kleinen Ortes ein großes Kinderheim etabliert war, das als potenter Kunde für kosmetische Artikel galt. Der Pastor erledigte den Einkauf.

Trotz mehrerer Besuche gelang es mir nie, ihn anzutreffen. Eines Tages erfuhr ich, daß er dabei war, Beichten in der Kirche abzunehmen. Ich entschloß mich, ebenfalls zu beichten. Danach wartete ich draußen. Der Pastor kam vorbei und fragte: »Waren Sie nicht gerade erst in der Kirche?«

Wir kamen ins Gespräch und ich hatte Gelegenheit, meine Produkte anzubieten.

Wir sehen, es gibt sehr viele, mitunter ungewöhnliche Geschichten über Verkäufer, die es nicht aufgegeben haben, den Kunden aufzuspüren, auf ihn zu warten, wie es auch diese beweist. Durch Ausdauer zum Erfolg!

### Beispiel 2 aus der Praxis

Was tat Julius Cäsar, als er mit seinen Legionen in England landete, um seine Soldaten auf den Kreidefelsen von Dover vorwärts zu treiben? Er verbrannte die eigenen Schiffe, und damit war die letzte Verbindung zum Heimatland abgeschnitten, der Weg zum Rückzug verbaut, es gab nur noch das Vorwärts, das Siegen.

Bergsteiger und Verkäufer haben eines gemeinsam: Nach einem oft beschwerlichen Weg und Aufstieg ist es für beide ein beglückendes Gefühl, das Ziel oben erreicht zu haben.

Oder zum Abschluß die kleine Geschichte von den beiden Mäusen, die sich gut auf uns Menschen übertragen läßt:

Zwei weiße Mäuse fallen eines Nachts in eine Schüssel mit Sahne. Die eine gibt schnell auf und ertrinkt, die andere schwimmt immer weiter und weiter und siehe da, die Sahne wird Butter und die Maus springt heraus und ist gerettet.

1. Der Mensch neigt im Grunde zur Faulheit. Wie oft denkt er bei sich: »Warum gerade ich? – Muß es jetzt sein? – Ich habe keine Zeit dazu, das könnte doch ein anderer machen! – Ist das wirklich so notwendig?« usw.
2. Machen Sie es sich zur Gewohnheit, möglichst alles sofort in Angriff zu nehmen, denn nur so werden Sie viel mehr als andere leisten. –
   Nach dem Motto: »TUE ES GLEICH«
3. Der Verkäufer mit einem hohen Maß an Erfolgswillen weiß, daß die regelmäßige, erfolgreiche Arbeit die Kurbelwelle unserer moralischen Maschinerie ist. Erziehen Sie sich deshalb zum Erfolgswillen und zur Ausdauer!

*Zwei wichtige Verkäufer-Erfolgs-Eigenschaften*

(1) Kundenverständnis

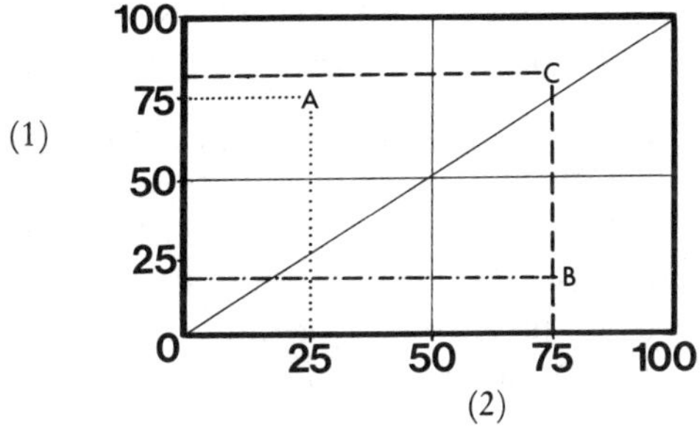


(2) Durchsetzungsvermögen

| | (1) | (2) |
|---|---|---|
| A | 75 | 25 |
| B | 25 | 75 |
| C | 80 | 75 |

## Einige Fragen und Aufgaben

1. Was verstehen Sie unter Erfolgswillen?
2. Was bedeutet »Egodrive«?
   (Ist es Selbstantrieb?)
3. Nennen Sie einige Motivationszitate und Erfolgsgedanken
4. Worauf müssen viele Erfolgreiche verzichten?
5. Wie wollen Sie Ihren Erfolgswillen trainieren?

## Zum Nachdenken

- Hinter einem Fünf-Minuten-Ritt bei einem Reitturnier stehen Hunderte von Übungsstunden.
- Mitunter nicht »nein« sagen zu können, kostet viel Zeit, Geld und Mühe.
- Das Geheimnis vieler Verkäufer liegt darin, daß sie die richtige Firma und die richtigen Produkte gewählt haben, die sie mit Überzeugung repräsentieren können.
- Das wichtigste an einer Stunde sind die Minuten.
- Wer hart arbeitet und an Türen klopft, dem wird von innen aufgemacht.

# STUFE 3

| | |
|---|---|
| | Was muß man wissen |
| | Aufgabenrichtung |
| | Neues Wissen |

## Stufe Nummer 3 – Welche Kenntnisse sind erforderlich?

### Einleitung

Zum Erfolgsdreieck gehören: Die Zielorientierung, der Erfolgswille und schließlich das spezielle Wissen, um die Verkaufsaufgaben lösen zu können.

Im Volksmund sagt man »Wissen ist Macht!«

Nun erhebt sich für den Verkäufer die Frage, welches Wissen für ihn notwendig ist. Wir alle wissen, daß die Aufgaben von heute nicht mit den Erkenntnissen von gestern gelöst werden können.

Die Umwelt ändert sich rascher als je zuvor. Kein Jahrhundert ist so von ständiger Veränderung geprägt wie das 20. Jahrhundert. Ältere Menschen haben in der Regel einen schlechteren Bildungsstand als die Jüngeren. Die heutige Leistungsgesellschaft verlangt es einfach, sich ständig weiterzubilden. Die Erfahrungen, die sich viele im Beruf und im Leben erworben haben, sind oft ungenügend in Anbetracht der immer neuen technischen Verfahren und somit kein hinreichender Wissensfaktor. Aber nicht nur im Bereich der Technik findet ein häufiger Wechsel statt, auch der Verkäuferberuf unterliegt diesem Wandel. Deshalb sollte der moderne Leitsatz für ihn heißen: Vorauswissen ist Macht!

Beschäftigen wir uns aber zunächst mit dem Nächstliegenden! Was muß der moderne Verkäufer heute wissen? Wer sich damit beschäftigt, hat erkannt, daß gerade der Verkäufer eine breite Wissensskala besitzen muß. Der Verkäufer hat, glaube ich, eine der längsten Lehren zu absolvieren, er lernt nie aus, weil die Menschen immer wieder anders sind und sich ändern.

## Warum ist Wissen heute besonders wichtig?

- Konzentration im Handel bedeutet Spezialisierung im Verkauf.
- Die Gesprächsführung wird immer mehr und mehr versachlicht und emotionelles Verkaufen zurückgedrängt.
- Auch Kenntnisse im Hinausverkauf und in den Serviceleistungen nach dem Verkauf gewinnen an Bedeutung.
- Neue Techniken sind notwendig, weil die Einzelentscheidung immer mehr zur Gruppenentscheidung in Gremien wird.
- Explosion der Sortimente und Kampf am Regal machen Kenntnisse von Verkaufsförderung und Merchandising notwendig.
- Mangelnde Zeit erfordert rationelle Gesprächsführung und die richtige Handhabung von optischen Hilfsmitteln.
- Mehr administrative Aufgaben im Außendienst in puncto Konkurrenzbeobachtung und Marktforschung.
- Neue Methoden der Kalkulation und Computer-Entscheidungen dringen vor.
- Veränderte Marktbedingungen bedeuten ein Verstehen der wirtschaftlichen Zusammenhänge, ihrer Trends und Auswirkungen.
- Zunehmender internationaler Wettbewerb erschwert das Verkaufen.
- Neue Verkaufsinstrumente wie Telefon-Vorverkauf und Tonbildschauen werden eingesetzt.

## Was müssen wir alles lernen?

Einkäufer erwarten ausgebildete Gesprächspartner, die praktische Vorschläge unterbreiten können. Steigende Kosten erzwingen ökonomischere Arbeitsweisen und Rationalisierung im Verkauf. Die Bedeutung der potenten Kunden-Gewinnung steigt mehr und mehr, so daß die ABC-Klassifizierung wichtig ist.

- Der Außendienst wird immer mehr in Kunden-Kategorien eingeteilt, um somit einen Spezialisten-Dienst erweisen zu können.
- Preisgespräche und Rabatt-Politik gewinnen mehr und mehr an Bedeutung im Verkaufsgespräch.

## Einige Themen, die für den Verkäufer wichtig sind

Selbstverständlich werden die Themen und Wissensgebiete von Branche zu Branche unterschiedlich sein. Außerdem gibt es im Grunde fünf Verkäufer-Kategorien:

1. Tür-zu-Tür-Verkäufer
2. Einzelhandels-Verkäufer
3. Markenartikel-Verkäufer
4. Public-Relation-Verkäufer
5. Technischer Verkäufer

- Richtig rechnen und schreiben
- Administration und Formularwesen
- Kenntnisse der Firmenrichtlinien
- Produktkunde und -vorteile
- Firmenziele und Marktprioritäten
- Werbemaßnahmen
- Kundenstruktur und Klassifizierung
- Technik der Kundengewinnung
- Wichtige Verhaltensregeln über den Umgang mit Menschen
- Tourenplanung
- Richtig und rationell arbeiten
- Zeitgemäße Argumentationstechniken
- Wie demonstriere ich meine Ware richtig?
- Abverkauf, Service und Merchandising
- Aufbau und Entwicklung potenter Kunden
- Wie funktioniert die Wirtschaft?
- Entspannungstechniken und autogenes Training
- Reden, und die Bedeutung der Körpersprache
- Wichtige Partner im Hause des Kunden
- Herstellung und Entwicklung der Produkte der Konkurrenz mit ihren Vor- und Nachteilen
- Marktentwicklung und allgemeine Trends
- Einwände und deren richtige Beantwortung

## Was muß man studieren?

Den Verkäufer erwartet meistens noch eine Menge Arbeit, wenn er nach getanem Tagespensum nach Hause kommt, und an seinem Schreibtisch Platz nimmt. Hier nur einige der wichtigsten Tätigkeiten, die dann noch erledigt werden sollten oder müssen:

- Rundschreiben – genaues Durchlesen und Markieren
- Spezielle Anweisungen und Instruktionen durchlesen, die auszuführen sind.
- Kunden-Umsatz-Zahlen und Auftragsentwicklung nach Produkten und Kategorien ansehen.
- Arbeitshandbücher und Verkaufs-Sales-folders
- Die Kunden-Kartei vor jedem Besuch durchschauen
- Kundenprobleme herausfinden und analysieren
- Die Nielsen-Zahlen bezüglich Produkt-Marktanteilen erneut durchlesen.
- Die häufigsten Kundeneinwände und gute Antwort-Möglichkeiten herausfinden.
- Werbung und Hauptaussagen sowie die Strategie der Konkurrenz beleuchten.
- Gründe für Mißerfolge durchdenken.
- Allgemeine Entwicklung im Bezirk berücksichtigen.
- Die eigene Ideen-Kartei und Zettel-Notizen ansehen.
- Die lokale Zeitung, sowie eine gute nationale Zeitung (FAZ, Welt usw.) lesen.

## Einige wichtige Informationsgruben

Viele Verkäufer gehen leider scheinbar mit geschlossenen Augen umher, wenn es ums Suchen von guten Informationsquellen geht. Die Informationen vor dem Kundenbesuch und die allgemeinen Marktdaten werden aber immer bedeutender. Hier deshalb eine Aufzeichnung von Quellen für Sie:

- Tagespresse, am besten als ständiger Abonnent, halten.
- Verkaufsbücher (z. B. vom Verlag Moderne Industrie, München).
- Messen besuchen.
- Stadtarchiv, wenn es um spezielle Informationen geht, aufsuchen.
- Gespräche mit Kollegen und Kunden führen.
- Besuche von Seminaren und Kursen.
- Informationen aus dem eigenen Hause, z. B. durch Betriebsbesichtigung.
- Gespräche mit Vorgesetzten.
- Die Hauszeitschriften sind oft interessante Fundgruben.
- Trainings-Informationsblätter wie Außendienst-Information
- Die Volkshochschule bietet interessante Kurse und Vorträge an.
- Das Fernsehen sendet mitunter gute, lehrreiche und wichtige Sendungen.

## Welches Wissen bringt die Erfahrung?

Es gibt vieles, was sich nicht am grünen Tisch erledigen läßt. Nur die Praxis und die tägliche Erfahrung bringt uns hier weiter und läßt uns aus Fehlern und Irrtümern lernen.

- Menschenkenntnis kann man nur durch Erfahrung und den Umgang mit Menschen lernen.
- Allgemeinbildung erwirbt man sich nur über Jahre hinweg.
- Die Umwelt erzieht uns zur Schlagfertigkeit.
- Formulierungen, die gut angekommen sind, können Sie bei anderen Gelegenheiten wieder anwenden.
- Psychologisches Geschick bringt schon die Erfahrung (wenn man sich genügend häufig die Finger verbrannt hat).
- Manche werden jedoch ein Leben lang, vielleicht oft ungewollt, ins »Fettnäpfchen« treten.

## Welche Fähigkeiten oder welches Wissen muß man unbedingt mitbringen?

Es gibt vieles, was man schon vom Naturell her besitzen oder mitbringen muß, wenn man Verkäufer werden möchte. Diese Fähigkeiten sind oft nicht erlernbar. Wollen wir diese kurz beleuchten?

- Optimismus, die Fähigkeit, eine Situation in positivem Sinne sehen zu können.
- Begeisterungsfähigkeit, Schwung und Energie.
- Geschäftssinn. Manche haben ihn einfach, andere erwerben ihn nie.
- Ausstrahlung und Fluidum. (Allerdings kann man hierfür in guten Rhetorik-Seminaren durch viele Übungen unter sachkundiger Anleitung so manches tun).
- Durchsetzungsvermögen lernt man meistens schon in jungen Jahren. Es kann auch als Ego-drive bezeichnet werden. Darf allerdings niemals übertrieben sein, denn das Kunden-Mitempfinden »Empathie« ist wichtig.

## Was sollte man ständig üben und trainieren?

Ohne Fleiß kein Preis, deshalb gibt es eine Reihe von Aufgaben, die ein ständiges Beachten und Trainieren erfordern. Hier einige Beispiele:

1. Wie kann ich meine Arbeit besser und zweckvoller planen?
2. Wo liegen Zeitreserven, und wie kann ich Zeit gewinnen?
3. Wo und wie kann ich mein Verhandlungsgeschick verbessern?
4. Was kann ich alles tun, damit ich unternehmerischer denke?
5. Wie kann ich aus Fehlern und Pannen lernen?

## Allgemeine Tips und Hinweise

- Denken Sie daran – der Kluge lernt nie aus!
- Nützen Sie alle Pausen für Ihre Weiterbildung, egal ob nach dem Essen, unterwegs, abends im Hotel etc., Minuten bringen im Laufe eines Jahres Stunden und Tage.
- Bedenken Sie immer, daß wir heute in einer Lerngesellschaft leben (Lifetime-learning). Wir wiesen schon darauf hin, daß sich Wissen und Fakten heute schneller denn je ändern.
- Von unseren 20 Stufen zum Erfolg behandelten wir bis jetzt 3 wichtige Gebiete, nämlich: Zielorientierung, Erfolgswille und Spezialwissen (ein Erfolgsdreieck). Sie sind unbedingt notwendig für den Erfolg!
- Neu für Verkaufsleiter und Trainer »Verkaufstraining on the job«.

## Welche Vorteile bringt Ihnen die Weiterbildung?

Es lohnt sich wirklich, an seiner Weiterbildung zu arbeiten. Lassen Sie mich Ihnen kurz einige Vorteile nennen:

- Verkaufstraining gibt Ihnen mehr Sicherheit
- Durch Spezialwissen in der Rhetorik z. B. stärken Sie Ihre Persönlichkeit und vor allen Dingen Ihre Sprachgewandtheit
- Ausbildung ist eine gute Investition für Ihr Fortkommen und hat schon manchem den Aufstieg ermöglicht
- Verkaufstraining ist eine Arena für geistiges Ringen. Die Einzelleistung wird hier geschult
- Viele latente Talente werden erst im Training entdeckt und gefördert
- Neue Techniken zeigen Ihnen den Weg zur Umsatzsteigerung und lassen Sie in jeder Hinsicht zum Fachmann werden
- Der große Überblick weckt Ihr Verständnis für die Abläufe auf dem Markt
- Erworbene Kenntnisse und Fähigkeiten sind Schritte, die zum Erfolg führen.

### Einige Fragen und Aufgaben

1. Welches Wissen und welche Fähigkeiten muß ich für meine jetzige Tätigkeit besitzen oder mir noch aneignen?

2. Welche Techniken muß ich mir als Verkäufer noch erwerben?

3. Wo fehlen mir wichtiges Wissen und Informationsquellen, sowie Möglichkeiten, Kurse und Seminare zu besuchen?

4. Was kann ich zu Hause, was unterwegs, trainieren?

5. Welche Pausen kann ich noch besser zu meiner Weiterbildung nützen?

## Beispiele aus der Praxis

*1. Betreiben Sie als Verkäufer auch Wissensdiversifikation*

Bei den modernen Industriekonzernen ist das neuzeitliche, internationale Schlagwort: Diversifikation. Manager sprechen vom »zweiten Bein im Unternehmen schaffen«.

Der technologische Fortschritt ist heute derart rapide, daß manche Firmenzweige durch neue Produkte, die dem Kunden wesentliche und bessere Vorteile bieten, über Nacht aus dem Markt gedrängt werden können. Deshalb bemüht man sich, Firmen aus anderen Bereichen dazuzunehmen. Diese Breitenstreuung sichert das Fortbestehen eines Unternehmens.

Die Politik der Diversifikation sollten auch Verkäufer und Repräsentanten in ihrer persönlichen Ausbildungszielsetzung beachten.

Ich kannte einen Verkäufer, der sich auf dem medizinischen und Gesundheits-Sektor hobbymäßig weiterbildete. Bei Gesprächen konnte er manchem Kunden in puncto Gesundheit einen wertvollen Tip geben. – Er war ein immer gern gesehener Verkäufer.

2. *Der Kunde als Informationsquelle*

(Chemische Formel half mir, einen Kunden zu gewinnen)

Herr Wagner erzählte mir folgendes Erlebnis:

Ich besuchte den Fachhandel und bot einem Drogisten eine Zahnpasta an. Der etwas arrogante Drogist fragte mich überraschenderweise, wie die chemische Formel für Pyridylcarbinol laute. Ich konnte ihm keine Antwort geben und fühlte mich blamiert.

Beim nächsten Kunden, ebenfalls einem Drogisten, entdeckte ich zufällig die Abbildung mehrerer chemischer Formeln, die eine Wand der Drogerie schmückten. Ich kam mit dem Kunden ins Gespräch und scheute mich nicht, ihn zu fragen, wie die Formel für Pyridylcarbinol lautet.

Der Kunde freute sich über mein Interesse und schrieb mir die chemische Formel auf ein Stück Papier. Wir unterhielten uns sehr lange über Chemie, und ich entdeckte, daß sie sein Interessengebiet ist.

Ein guter Auftrag blieb nicht aus. Inzwischen sind wir gute Freunde geworden, und ich habe sehr viel von ihm gelernt. Bei meinem nächsten Besuch konnte ich nun auch dem anderen Kunden die Formel sagen.

---

**Zum Nachdenken**

- Erfolgreiches Verkaufen bedeutet nichts anderes, als die richtige Technik zur richtigen Zeit beim richtigen Mann anzuwenden.
- Manche Firmen suchen Verkäufer, die bereit sind, unten anzufangen und dort zu bleiben!
- Das wichtigste vor dem Verkaufen ist das Verkaufstraining.
- Der geborene Verkäufer ist tot – verkaufen muß man lernen.
- Allein mit Fachwissen steht der Verkäufer allein.

---

# STUFE 4

## ALLGEMEINE ANALYSE UND AUSARBEITUNG (3A-Formel)

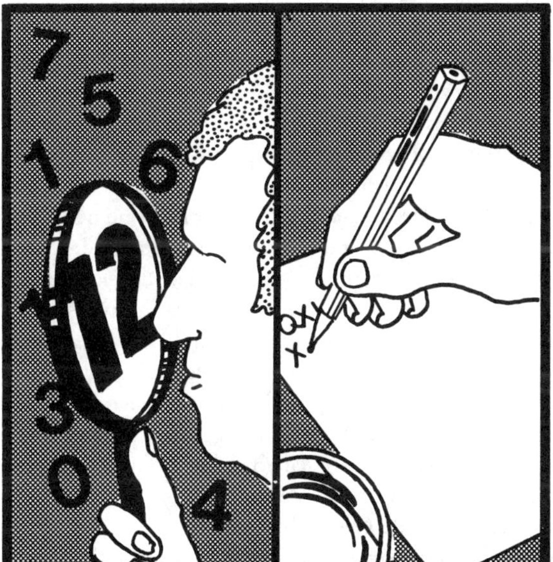

# Stufe Nummer 4 – Allgemeine Analyse und Planung

## Einleitung

Der Verkäufer nimmt eine Schlüsselposition in seinem Bezirk ein. Er ist Unternehmer, Manager, Repräsentant und Verkäufer zugleich. Seine Hauptaufgabe und Verantwortung liegt darin, sein Bezirks-Potential auszubauen und seiner Firma einen gewinnbringenden Umsatz zu verschaffen. Wir wissen, daß der Wettbewerb immer härter wird; deshalb können die Umsatzreserven nur in einem planmäßigen Einsatz aller Kräfte liegen.

Emil Oesch formulierte es so:

»Es gibt Tausende, die ständig in großer Eile sind und doch wenig Positives erreichen. Sie sind zu beschäftigt, um zu denken, zu beschäftigt, um der Verwirrung zu entkommen, die sie selbst geschaffen haben. Sie leisten produktive und unproduktive Arbeit durcheinander und finden den Unterschied nicht heraus. Deshalb sind die Phasen der Analyse und Planung sowie die Anwendung von erfolgbringenden Arbeitsmethoden und konkrete Ziele ausschlaggebend für die überragende Leistungsfähigkeit jedes Tätigen.«

Dreißig Minuten schöpferisches Denken bringen größere Erfolge als unplanmäßige Arbeit. Die Zukunftsplanung kann Erfolge bringen, wie uns folgende Geschichte treffend zeigt:

Ein italienischer Einwanderer in Amerika setzte sich das Ziel, ein Lebensmittelgeschäft zu gründen. Bevor er begann, betrieb er ein Jahr lang Forschung, er schaute in Mülltonnen, um festzustellen, welche Waren von Hausfrauen bevorzugt gekauft wurden. Mit diesen Erkenntnissen war er in der Lage, sich auf die Wünsche seiner Verbraucher einzustellen.

Er konnte danach ein rationelles und verbraucher-orientiertes Sortiment führen, ohne allzuviel Kapital zu binden. Übrigens besitzt dieser Mann heute ein großes Filial-Unternehmen.

Wir sehen also, eine gute, gründliche Vorbereitung ist oft schon der halbe Erfolg. Das überlegte Analysieren und Planen lohnt sich immer! Wie gesagt, dreißig Minuten schöpferisches Denken bringen größere Erfolge, als stundenlange unplanmäßige Arbeit.

## Warum Analyse und Planung?

Der Markt ist kein konstanter Faktor – er fließt und ist ständig im Wandel begriffen, heute mehr denn je. Deshalb müssen wir wieder und wieder die Marktverhältnisse analysieren und transparent machen. Ganz konkret gefragt: Kennen Sie wirklich Ihr Gebiet genau? Kennen Sie das Umsatz-Potential? Kennen Sie Ihre potentesten Kunden?

Viele Verkäufer kennen nicht einmal die neuen bedeutenden Geschäfte, die in ihrem Bezirk aufgemacht wurden, weil sie ihr Gebiet nicht genügend bereisen und analysieren. Marktführer von heute können durch Betreiben einer falschen Konzeption über Nacht verschwinden.

Darum ist eine ständige Analyse so wichtig. Verkaufsleiter bestätigen mir immer wieder in den Seminaren, daß heute die mangelnde Analyse und Planung die Hauptfehler im Außendienst sind.

Diese Feststellung habe ich ebenfalls während der Zusammenarbeit mit vielen Verkäufern machen können und diese Tatsache auch bereits in meinem Taschenbuch »500 Verkäufersünden« (erschienen im Verlag Moderne Industrie, München) zum Ausdruck gebracht.

Welche Vorteile bringt eine bessere Planung?

- Mehr innere Ruhe bei der Verhandlung
- Ordnung und Übersicht bei der Arbeit
- Mehr Selbstsicherheit und Selbstvertrauen
- Sehr viel Zeitersparnis und weniger Zersplitterung
- Einen besseren Eindruck bei den Kunden
- Sie sparen Geld durch rationelles Arbeiten
- Besuchsklarheit führt zu größeren Erfolgen
- Sie sparen Energie durch zielgerichtetes Arbeiten
- Alles parat haben verhindert Pannen
- Terminvereinbarungen sparen Zeit
- Gute Kunden-Selektion bedeutet gezielte Besuche
- Eine gute Tourenplanung erspart unnötige Fahrten
- Der Kunde erhält eine bessere Beratung und einen besseren Service.

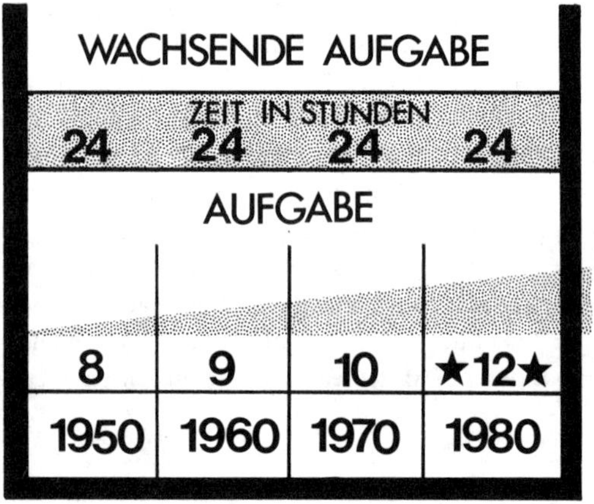


Zeitgewinn nur durch Planung

## Checkliste für die Analyse

*1. Persönliche Analyse*
- Arbeite ich rationell?
- Arbeite ich planmäßig?
- Arbeite ich kostensparend?
- Arbeite ich mit Begeisterung?
- Wo liegen bei mir noch Schwächen?

*2. Allgemeine Analyse*
- Wie ist die Ist-Analyse meines Gebietes?
- Wie ist die Soll-Analyse meines Gebietes?
- Welche Mittel und Wege muß ich einsetzen, um Erfolg zu haben?

*3. Bezirksanalyse im Detail*
- Kaufkraft-Analyse
- Bevölkerungs-Analyse
- Anzahl der Geschäfte, Firmen, Kunden etc.
- Klassifizierung nach ABC-Kunden
- Wo liegen neue Geschäfte oder Ausbreitungsmöglichkeiten
- Wie sieht die künftige Entwicklung allgemein aus
- Welche Konkurrenz-Entwicklung ist zu erwarten
- Wie kann ich Kunden noch stärker an uns binden
- Wie kann ich den Kunden noch besser beraten und ihm helfen

*4. Kunden-Detail-Analyse*
- Klassifizierung nach ABC-Gewichtung
- Entwicklungstrend und Schwerpunktprogramm
- Welche Menschen im Betrieb beeinflussen den Auftrag
- Welche Referenzen zufriedener Kunden kann ich verwenden

*5. Die Konkurrenz-Analyse ist wichtig*
- Haupt-Mitbewerber
- Vor- und Nachteile der Konkurrenzprodukte

- Deren Strategien und Methoden
- Wo laufen Verträge aus
- Wo sind Kunden unzufrieden
- Wo muß ich ansetzen, neue Kunden zu gewinnen

## Ausbildung und Training

*Verkäufer-Planungs-Checkliste*

- Wie arbeite ich unternehmerisch?
- Wie kann ich mich noch besser auf meine Kunden einstellen?
- Wie gewinne ich eine besser gewichtete Distribution?
- Wie kann ich noch mehr Kunden besuchen?
- Welche Artikel verkaufe ich zu wenig?
- Wie kann ich Display-Material besser einsetzen?
- Welche Argumente kommen gut an?
- Welche Kundenleistungen kann ich anbieten?
- Wo kann ich Merchandising-Arbeit intensivieren?
- Welche Kunden halten mich zu lange auf?
- Welche Ideen kann ich für den Abverkauf bieten?
- Verkaufe ich immer die optimale Menge?
- Welche Hilfsmittel benötige ich noch?
- Ist mein Fact-Buch auf dem neuesten Stand?
- Setze ich meine Muster rationell ein?
- Was will ich jetzt und in Zukunft erreichen?
- Kenne ich die Motivationsfaktoren meiner Kunden?
- Welche neuen Argumente kann ich verwenden?
- Warum gehen mir manchmal Aufträge verloren?
- Wie kann ich mich für meine Firma noch nützlicher machen?

## Planungs-Bogen

Montag

Dienstag

Mittwoch

Donnerstag

Freitag

Samstag

Sonntag

Sonstiges

Notizen

## Zum Nachdenken

- Es gibt Menschen, die schreiben viele Ideen auf, anstatt eine Idee auszuführen.
- Die Hälfte der Zeit verschwendet man – man weiß nur nie, welche.
- Wer das Endziel kennt, findet schneller die Zwischenziele.
- Zeit hat man nie, die muß man sich einfach nehmen.
- Eine alte Verkaufsregel sagt: 80% der Kunden bringen 20% der Aufträge, 20% der Kunden bringen 80% der Aufträge.
- Das Gesetz von Ursache und Wirkung hat auch im Verkauf seine Berechtigung.
- Die Arbeit des Verkäufers verlagert sich immer mehr von den Beinen in den Kopf.

# STUFE 5

## ORGANISATION
## STRATEGIE
## KUNDEN-(VOR)-INFORMATION
## ERARBEITEN

| | |
|---|---|
| ✹ | Was brauche ich alles |
| S | Welche Strategie |
| KVI | Der Kunde als Mensch |

## Stufe Nummer 5 – Kunden-Voraus-Informationen sind wichtig

### Einleitung

»Am späten Nachmittag des 19. Juni 1815 sprang ein Mann namens Rothworth bei Ostende in ein Boot und nahm Kurs auf die englische Küste«, berichtete F. Morton in dem Buch »The Rothschilds«. Der Mann war der Bote des Londoner Hauses Rothschild. Er brachte auf diesem, selbst für damalige Verhältnisse ungewöhnlichen Wege, seinem Management die Nachricht von der Niederlage Napoleons bei Waterloo, noch ehe die englische Regierung den Ausgang der Schlacht erfahren hatte. Nathan Rothschild nützte die schnelle Information, um durch geschicktes Verhandeln an der Londoner Börse den Wohlstand seines Hauses weiterhin kräftig zu mehren.

Das überragende Informations-System des Hauses hatte – wie vordem und danach noch oft – entscheidend zum Erfolg der Unternehmensgruppe beigetragen.

Wir sehen an diesem Beispiel, wie wichtig rechtzeitige und schnelle Informationen sind! Erfolgreiche Verkäufer wissen noch mehr über einen Kunden als die gut geführte Kundenkartei aussagt.

Doch wollen wir zunächst *einige der wichtigsten Besuchsarten* kurz durchnehmen.

Die verschiedenen Besuchsarten erfordern selbstverständlich unterschiedliche Vorbereitung. Hier einige Besuchsarten:

- Neukunden-Akquisition
- Routinebesuche
- Servicebesuch

- Goodwill-Besuch
- Reklamations-Besuch
- Das Verkaufsgespräch
- Das Informationsgespräch
- Kunden-Rückgewinnungs-Besuch
- Beratung und Abverkauf
  (Mehr Informationen können Sie aus der Serie: »Das kleine mi-Verkaufsseminar – Die erfolgreiche Besuchsvorbereitung« von Peter Ebeling, erhalten.)

## Auch eine Vorbereitung nach Kundengruppen lohnt sich!

Wir müssen nun erst einmal die wichtigsten Kunden-Kategorien analysieren und durchleuchten. Denken Sie bitte bei Ihrer Vorbereitung immer an die Ziele und Vorhaben Ihrer Geschäftsleitung, damit Sie sicher sind, daß Sie auch die Hilfsmittel für die vorgesehenen Aktionen und Schwerpunkte in erster Linie berücksichtigt haben. Stellen Sie sich bitte folgende Fragen:

- Wen will ich besuchen?
- Warum will ich ihn besuchen?
- Was erwarte ich von diesem Besuch?
- Welche Ziele will ich erreichen?
- Was hatte ich beim letzten Besuch versprochen?
- Welche Unterlagen, Hilfsmittel und Beweise benötige ich?
- Wann ist die günstigste Besuchszeit?
- Wie komme ich am schnellsten dort hin?
- Mit wem will ich sprechen?

*Was weiß ich über:*

- Familienstand
- Anzahl der Kinder
- Seine Erfolge
- Anerkennungsbedürfnis
- Ämter, die er bekleidet

- Urlaubsziele
- Haupthobbies
- Probleme und Schwierigkeiten
- Besondere Auszeichnungen
- Seine Zukunftspläne
- Spezialkenntnisse und Neigungen
- Denken und Einstellungsart
- Geburtstage
- Gemeinsamkeiten

Obwohl die Gesprächsführung in der heutigen Zeit immer mehr und mehr versachlicht wird und emotionelle Überlegungen zurückgedrängt werden, haben wir immer noch mit irrationellen Überlegungen des Menschen zu tun. Produktqualität und Ausstattung werden sich immer ähnlicher, so daß der Unterschied oft nur in der Verkäufer-Persönlichkeit liegt. Ihr Vertrauen und Ihre Glaubwürdigkeit beim Kunden beeinflussen dann in positivem oder negativem Sinn die Kaufentscheidung.

Welche Informationen besitzen Sie beispielsweise über den Menschen, der letzten Endes die Entscheidung trifft? In dieser Stufe stekken für alle, die verkaufen wollen, ungeahnte Reserven und Möglichkeiten, die oft nicht genügend in Trainingsseminaren bedacht werden.

Doch woher nehme ich all diese Informationen? Lassen Sie mich Ihnen einige Tips dazu geben. Wie bereits gesagt, gilt es schon vor dem Kundenbesuch so viele Informationen über den Einkäufer und die Firma, sprich Kunden, wie möglich zu erfahren. Viele Verkäufer meinen, sie sollten den Kunden direkt befragen. Nun, recht schön und gut, aber wirkt es nicht viel besser, wenn Sie den Kunden mit Tatsachen und Fakten überraschen? Es zeigt ihm, daß Sie ihn als Kunden wichtig nehmen und sich auf das Gespräch genügend vorbereitet haben.

## Hier nun einige Schatzquellen:

- Kollegenbefragung
- Erkundigung bei Ihrem Vorgänger
- Erkundigung bei Ihrem Vorgesetzten
- Eventuelle Mitbewerber fragen
- Andere Kunden fragen
- Besuchsnotizen auf Ihrer Kartei-Karte
- Gespräch mit dem Auslieferungslager
- Studium der Umsatzentwicklung
- Kartei und Komputer-Listen
- Korrespondenz analysieren
- Beobachtung und Rund-um-Blick

## Welche Faktoren beeinflussen oft den Einkauf?

Wie oft sind Sie tief enttäuscht, wenn Sie den Zuschlag aus irgendeinem Grunde nicht erhalten haben?! Sie waren sich so sicher, und haben dann letzten Endes doch nicht den Auftrag bekommen. Nun, es kann an so vielen Gründen liegen, die Sie oft nicht kennen. Zum Beispiel:

- Verbindungen zu Konkurrenten
- Sonderkalkulationen und Rabatte
- Wichtige Einkaufsbeeinflusser
- Unbekannte, innerbetriebliche Vereinbarungen
- Zahlungsmodalitäten

## Vorbereitung führt zum Erfolg

Für Ihre Gesprächsführung brauchen Sie deshalb Fakten, Daten und Hilfsmittel. Hier einige Überlegungen, die Sie vor Ihrer Hauptpräsentation durchdenken und analysieren sollten:

- Welche Einwände habe ich zu erwarten?
- Welche Hauptprobleme beschäftigen den Kunden?
- Welche Gesprächseinleitung will ich verwenden?
- Wie kann ich den Kunden mit visuellen Hilfsmitteln fesseln?
- Welche neuen Ideen kann ich anbieten?
- Wie kann ich am letzten Gespräch anknüpfen?
- Welche neuen Informationen haben sich ergeben?
- Wie könnte ich helfen, die Probleme des Kunden zu lösen?
- Wie kann ich den Partnerschaftsgedanken ausbauen?
- Welche wichtigen, technischen Produkte und Leistungen kann ich anbieten?

## Hilfsmittel für das Entree

- Bebilderte Verkaufsmappen
- Farbige Prospekte
- Fotos und Kundenreferenzen
- Tips und Hinweise
- Eröffnungsgeschenke
- Wichtige Zeitungsausschnitte (aus Fachzeitschriften)
- Interessante Beispiele aus der Praxis
- Humorvolle Einleitung
- Durch Sachlichkeit oder Erweisen eines Dienstes
- Durch charmante Frechheit

### Telefon-Vorbereitungsblatt

1. Wen will ich anrufen?
2. Was will ich erreichen?
3. Welche Einwände habe ich zu erwarten?
4. Welche Unterlagen brauche ich?
5. Wann will ich anrufen?
6. Welche Argumente benötige ich?
7. Wie kann ich Argumente widerlegen?
8. Welche Unterlagen benötigt mein Gesprächspartner?

## Beispiele aus der Praxis

(Könnte Ihnen dies auch passieren?)

1. Ein Routine-Reisender argumentierte einmal eine halbe Stunde lang über die Vorzüge einer Großpackung als zusätzlichen Artikel zu der Normalpackung. – Geduldig hörte der Einkäufer zu und erwiderte schließlich ganz trocken: »Die Großpackung führe ich doch schon seit 6 Monaten!«

Hier hatte sich der Reisende nicht genügend vorher in dem SB-Geschäft umgeschaut, sonst hätte er diese Tatsache vor diesem Gespräch bereits bemerkt.

Wichtig also: Erst Informationen – dann Kundenbesuche.

2. Vor Jahren kannte ich einen Neonlicht-Verkäufer, der weit über Durchschnitt verkaufte. Ich unterhielt mich mit ihm und fand sein Geheimnis heraus:

Er verwendete unglaublich viel Zeit für die Vorinformation!

Er fotografierte die Fachgeschäfte, die Außenansicht, Fassaden, usw. und hat dann durch Fotomontage neue Beschriftungsvorschläge aufmontiert. Die vergrößerten Abzüge dieser Fotos steckte er dann in eine attraktive Angebotsmappe. Beim Kunden zeigte er die Bilder vor und nach der Montage. Die meisten Kunden waren davon begeistert.

Sie sehen hier also, daß die Visualisierung im Verkaufsgespräch die Kunden ungemein beeinflußt, weit mehr als nur die verbale Aussage.

Ein Bekannter von mir, ein Meister-Fotograf, besucht schon die Aussteller-Firmen 4 Wochen vor Beginn einer Messe, um eine Genehmigung zu bekommen, die Aufbauten während der Messe für den Kunden zu fotografieren. Diese Vorarbeit lohnt sich für ihn fast immer! Andere Kollegen von ihm, die erst am Tage der Eröffnung erscheinen, sind dann zu spät dran!

## Ausbildung und Training

Meister unter den Verkäufern sind häufig an der gründlichen Vorarbeit und der Informationsbeschaffung zu erkennen. Durch die Konzentration im Handel als auch in der Industrie wachsen die Einkaufsdimensionen gewaltig. Wir wissen schon, daß 20% der Kunden 80% des Umsatzes bringen und 80% der Kunden nur 20% des Umsatzes. Dies bedeutet, daß Sie immer mehr schwerpunktsmäßig die potentesten Kunden bearbeiten müssen. Zeit wird immer knapper, so daß Sie Kundenbesuch-Prioritäten einplanen müssen.

Diese Entwicklung bringt die Notwendigkeit schon mit sich, sich besser vorzubereiten.

- Nehmen Sie sich die Zeit, entsprechende Sales-Verkaufs-Handbücher für spezielle Besuche schon vorher anzufertigen oder

- verwenden Sie die Flip-Chart-Methode, wenn Sie mehrere Kunden ansprechen müssen.
- Führen Sie nicht nur eine allgemeine Umsatzkartei, sondern legen Sie sich für künftige Zwecke eine Kunden-Informations-Kartei an.
- Lesen Sie »Erfolgreiche Besuchsvorbereitung« (Verlag Moderne Industrie, München).

### Beispiel

*Ein Fehler, den ich als Redner einmal machte*

Die Beschaffung von Vorinformationen ist nicht nur für den Verkäufer, sondern auch für den Redner wichtig.

Ich wurde einmal gebeten, achtzig Vertretern einen neuen Artikel vorzustellen. Hierzu beschaffte ich mir so viele Informationen wie nur möglich über den Artikel, wie Aufmachung, Inhalt, Werbung, Einwände usw. Diese Ausarbeitung wurde nach Beendigung des Vortrages auch an die Teilnehmer verteilt.

Trotz aller meiner Vorarbeit war der Vortrag leider nicht angekommen, denn ich hatte mir nicht genügend Informationen über meine Zuhörer besorgt!

Sie waren skeptisch, und es bewegten sie ganz andere Probleme als ich dachte.

Nur Produktinformationen kommen nicht immer an!

## Fragen und Aufgaben

1. Welche Informationsquellen können Sie am besten ausnutzen?
2. Was können und sollten Sie vor einem Besuch studieren?
3. Was sollten Sie beim Kunden oder im Geschäft beobachten?
4. Was sollten Sie für die Gesprächsvorbereitung durchdenken?

## Zum Nachdenken

- Verkäufer haben wenig Zeit.
  Kunden oft noch weniger!
- Bilder und Sprüche in Büros und Warteräumen verraten viel über den Menschen im Kunden.
- Es ist nicht immer der Einkäufer, der einkauft – andere entscheiden oft mit!

# STUFE 6

## DURCH TAKT UND SYMPATHIE ZUM DAUERKONTAKT

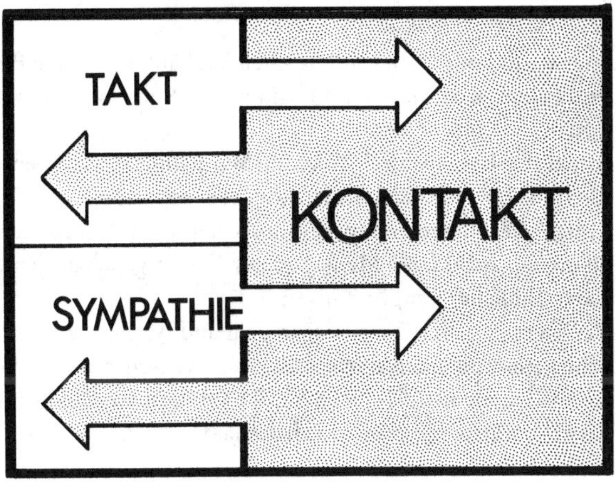


| | |
|---|---|
| **Takt** | **Knigge-Regeln** |
| **Sympathie** | **durch Dienen** |
| **Kontakt** | **ständige Betreuung** |

## Stufe Nummer 6 – Durch Takt und Sympathie gewinnen

### Einleitung

Immer wieder wird von erfolgreichen Verkäufern auf die Bedeutung eines guten Kontaktes zum Kunden hingewiesen. Aber wie gewinnt man diesen Kontakt?

Kontakt schafft man durch Takt und Sympathie. Was ist denn nun eigentlich »Takt«? Ich glaube, man könnte es so formulieren: Gefühl für richtiges Benehmen. Sympathie hingegen ist das Empfinden und die Zuneigung zu anderen Menschen auf Grund gleichartigen Denkens oder ähnlicher Empfindungen.

In der Tierwelt gibt es Verhaltensregeln und Abgrenzungsgebiete, die nicht verletzt werden dürfen. Bei den Menschen ist es ebenso. Der Kunde hat Sie nicht gebeten, zu ihm zu kommen, Sie sind von sich aus gekommen! Sie müssen sich deshalb langsam an den Kunden »heranpirschen«.

### Wichtige Knigge-Regeln

Als allerersten sollte der Verkäufer die Knigge-Regeln für gutes Verkaufen, Kontakt und Kommunikation kennenlernen. Hier gibt es über 150 verschiedene Regeln. Einige sind selbstverständlich, trotzdem werden aber leider oft sogar die einfachsten Regeln der Menschenbehandlung mißachtet. Zur Auffrischung deshalb einige Regeln:

- Sie sind die Visitenkarte der Firma, aber auch ihr Werkzeug
- Tragen Sie immer saubere Kleidung

- Höflichkeit ist das Gegenteil von Unterwürfigkeit
- Die Höflichkeit, die Sie der Person Ihres Kunden bezeugen, wirft auch auf Sie den Glanz
- Halten Sie Ihre Tasche, Mustermappen usw. sauber, wechseln Sie sie öfter
- Warten Sie, bis Ihnen der Kunde die Hand zur Begrüßung reicht
- Stören Sie den Kunden nicht, wenn er bereits ein Gespräch führt
- Stellen Sie Ihre Tasche so hin, daß sie nicht stört
- Zwischen »Tür und Angel« sollten Sie kein Verkaufsgespräch beginnen
- Achten Sie auf Ihre Sitzhaltung
- Wenden Sie anderen Menschen, mit denen Sie am Tisch sitzen, nicht den Rücken zu
- Sprechen Sie langsam und deutlich, vermeiden Sie Fremdwörter
- Machen Sie nicht die Konkurrenz schlecht
- Fallen Sie niemals dem Kunden ins Wort
- Nicht den Katalog aus den Händen reißen, sagen Sie etwa: »Darf ich Ihnen die Stelle zeigen, die Ihnen auf Ihre Frage Auskunft gibt?«
- Kommt ein Dritter hinzu, wenden Sie sich an diesen und fragen Sie höflich: »Darf ich Ihnen kurz den bisherigen Verlauf der Unterhaltung schildern?«
- Wenn Sie während des Gesprächs die Aufmerksamkeit des Kunden verloren haben, sagen Sie: »Bitte, Herr…, schauen Sie doch erst Ihre Post durch, ich kann warten.«
- Rauchen Sie bei Nicht-Rauchern lieber nicht
- Sehen Sie den Kunden beim Sprechen an
- Vermeiden Sie Übertreibungen
- Achten Sie auf den ersten Eindruck, den Sie machen, er muß gut sein!
- Seien Sie bei Verabredungen pünktlich, Sie gewinnen dadurch Achtung
- Schmeicheln Sie nicht, seien Sie ehrlich in Ihrer Anerkennung
- Vermeiden Sie während der Verhandlung nervöse Angewohnheiten, wie z. B. Klopfen auf den Tisch

- Ein zu fester Händedruck ist nicht Ausdruck besonderer Charakterstärke. Er zerdrückt aber eventuell Ihrem Kunden die Hand!
- Seien Sie auch den Kunden Ihres Kunden behilflich, wenn nötig (Netz oder Tasche aufhalten, Tür öffnen)
- Als Grundregel ist zu sagen: Verhalten Sie sich so, wie Sie möchten, daß sich Ihnen gegenüber die anderen verhalten.
- Vermeiden Sie unbedingt Superlative

## Einige Tips und Hinweise

*Bei der Begrüßung:*
- Den günstigsten Augenblick abwarten, um die höchste Konzentration zu erhalten
- Halten Sie stets die rechte Hand für die Begrüßung frei. (Aktentasche und ähnliches gehört in die linke Hand!)
- Keine Aufdringlichkeit beim Händeschütteln
- Nicht im Wege stehen
- Begrüßen Sie stets alle Anwesenden
- Achten Sie auf Augenkontakt
- Verhandeln Sie dort, wo Sie Ruhe haben und eine gute Gesprächsatmosphäre herrscht
- Ein lächelndes Gesicht und freundliche Augen sind die besten Eröffnungs-Voraussetzungen.
- Wiederholen Sie öfter den Namen des Gesprächspartners
- Strahlen Sie Optimismus aus wie ein Überbringer guter Botschaften
- Beginnen Sie niemals mit einer Entschuldigung
- Halten Sie auch nicht Ihre Hände hinter dem Rücken versteckt

*Verhandlungen am Tisch:*
- Nur Platz nehmen, wenn Sie dazu aufgefordert werden
- Vermeiden Sie, Ihre Blicke auf Dokumente oder ähnliches zu richten, die auf dem Tisch liegen
- Beim Telefonieren gehen Sie besser aus dem Raum

*Beim Gespräch:*

- Augenkontakt ist immer wichtig – schauen Sie Ihr Gegenüber offen an
- Sprechen Sie mit Ihrem Gesicht – strahlen Sie Freundlichkeit aus
- Nicken Sie zwischendurch mit dem Kopf
- Hören Sie andächtig zu und unterbrechen Sie den Gesprächspartner nicht
- Stellen Sie gezielte und interessierte Fragen

Außerdem sollte jeder Verkäufer zwei Hauptfähigkeiten besitzen, nämlich Egodrive und Empathie.

*1. Empathie*

Empathie ist die Fähigkeit, sich in die Lage des anderen versetzen zu können. Diese Fähigkeit muß jeder Verkäufer besitzen. Allerdings, Verkäufer, die zu viel Empathie zeigen, verkaufen wenig, weil sie alle Probleme nur aus der Sicht des Kunden sehen.

*2. Ego-drive*

Auf der anderen Seite müssen gute Verkäufer dynamisch sein und Ego-drive besitzen, d. h. einen starken Drang verspüren, gewinnen zu wollen. Allerdings gilt auch hier, daß dieses Empfinden in wohldosiertem Maß vorhanden sein sollte.

*3. Der ideale Verkäufer*

Der beste Verkäufer ist derjenige, der diese beiden wichtigen Voraussetzungen in gut gemischtem Verhältnis mitbringt, nicht zu viel und nicht zu wenig von beiden Eigenschaften. Nach diesem Schema können Sie alle Verkäufer analysieren und feststellen, welches Merkmal überwiegt und dann ein entsprechendes Trainingsprogramm entwickeln.

Aber auch Takt ist unerläßlich.

*Was ist Takt?*

- Takt ist schwer erlernbar
- Den anderen vor Blamage schützen
- Takt kommt vom Herzen und ist eine Gefühlsreaktion
- Das Wort Takt ist in »Kontakt« enthalten
- Takt ist Kunden-Empfindung, das Richtige zur richtigen Zeit zu tun
- Höflichkeit und Takt erobert die Herzen
- Takt ist die richtige Verhaltensmaßnahme

## Zusammenfassung der Verhaltensregeln

- Üben Sie Geduld
- Seien Sie charmant
- Lernen Sie zuzuhören
- Machen Sie nur echte Komplimente
- Seien Sie immer hilfsbereit
- Halten Sie Termine ein
- Zeigen Sie Verständnis
- Bringen Sie dem anderen Aufmerksamkeit entgegen
- Vergessen Sie nicht, Lob und Anerkennung auszusprechen
- Seien Sie immer verläßlich
- Erzielen Sie Vertrauen
- Halten Sie Versprechungen ein
- Verwenden Sie die Trottel-Methode
  (Man braucht nicht immer gleich zu zeigen, was man kann)
- Vermeiden Sie Witze
- Taktisches Warten verschafft eher Gehör
- Zeigen Sie Interesse
- Verwenden Sie öfter das Wort »Sie« als »ich«
- Verwenden Sie Geschenke als »Türöffner«

## Ausbildung und Training

»Gesagt ist nicht gehört,
gehört ist nicht verstanden,
verstanden ist nicht einverstanden,
einverstanden ist nicht angewendet,
angewendet ist noch lange nicht
beibehalten.«
(K. Lorenz)

*Dies ist eine wichtige Erkenntnis in der Ausbildung.*

1. Deshalb ist es wichtig, daß Sie sich die Knigge-Regeln auf Karten aufschreiben,
2. mit sich führen, so daß Sie diese täglich anwenden und sich auch selbst dauernd kontrollieren können.
3. So leicht verfällt man in alte, schlechte Angewohnheiten.
4. Arbeiten und üben Sie, der Erfolg wird nicht ausbleiben.

## Beispiele aus der Praxis

*1. Sei auch nett zu jedem Lehrling – morgen verhandelt er vielleicht*

Herr Armin Gabriel erzählte mir folgende Story:

Vor vier Jahren betreute ich einen Verbrauchermarkt in Nürnberg, der auch einige Lehrlinge beschäftigte. Ich war bemüht, zu jedem, ob Chef, Lehrling oder Lagerarbeiter, einen guten Kontakt zu bekommen, was mir auch gelang. Zwei Lehrlinge setzten sich besonders dafür ein, unsere Artikel besser zu plazieren und immer vorrätig zu haben. Diese tatkräftigen Einsätze belohnte ich mit kleinen Präsenten, Anerkennung und Freundlichkeit, die man als Lehrling nur allzu oft vermißt.

Als ich nun nach etwa drei Jahren bei einer Zusammenarbeit diesen Markt wieder besuchte, erlebte ich eine angenehme Überraschung.

Es war Einkaufstag, ca. 10 Herren warteten bereits. Der Einkäufer wollte gerade den ersten Besucher zu sich bitten, als er mich in der Runde der Wartenden entdeckte. Es war Herr Adam, ein früherer Lehrling. Trotz der bösen Blicke der anderen Herren bat er Herrn Göcke und mich zuerst zu sich. Im Büro angelangt, gab es einen Begrüßungstrunk, und Herr Adam erzählte von der guten Zusammenarbeit zwischen uns in seinem letzten Lehrjahr. Das Ergebnis unserer Unterhaltung war eine Aktion mit Zweitplazierung, und außerdem haben wir bis heute eine Sonderstellung bei diesem Mann.

*2. Der beste Schneider*

In einer der größten Einkaufsstraßen New Yorks eröffnete ein Schneider sein Atelier und brachte an seiner Haustür ein Schild mit folgender Aufschrift an:

»Ich bin der beste Schneider New Yorks«.

Kurze Zeit darauf eröffnete ein zweiter Schneider sein Atelier und ließ auf sein Schild an seinem Haus schreiben:

»Ich bin der beste Schneider der USA.«

Der Zufall wollte es, daß 8 Tage später noch ein dritter Schneider seine Werkstatt in dieser Straße einrichtete. Auf dem Schild seines Hauses las man: »Ich bin der beste Schneider dieser Straße!«

Wir sehen also, daß Superlative gefährlich sind. Vermeiden Sie sie daher lieber!

*3. Machen Sie den Kunden zum Hauptdarsteller und Sie verkaufen Bügelmaschinen!*

Herr Kurt, ein Von-Tür-zu-Tür-Verkäufer, erzählte:

Ich habe viele Bügelmaschinen in meinem Leben verkauft, aber einen Abschluß werde ich nie vergessen. – Ich besuchte eine ältere Dame und wollte mit Hilfe einer Demonstration zum Abschluß kommen. Ich stellte die Bügelmaschine auf und begann. Interessiert schaute mir die Dame zu. Als ich sie ermutigte, es auch einmal zu versuchen, war sie sofort dabei. Ich lobte ihre schnelle Auffassungsgabe. Entzückt fragte sie: »Kann ich es wirklich so gut?« Worauf ich antwortete: »Wissen Sie, ich habe noch nie erlebt, daß eine Dame Ihres Alters so schnell mit dieser Maschine zurechtkommt – von dieser Fähigkeit werde ich meinem Chef persönlich berichten«.

Sie war sehr stolz und froh über mein Vorhaben.

Strahlend kaufte sie die Maschine, allerdings unter dem Vorbehalt, daß ich meinem Chef wirklich von ihr berichte.

Wir sehen, beide waren glücklich, die Dame und der Provisionsverkäufer.

*4. Höflichkeit erobert die Herzen*

Anläßlich eines Besuches bei der Spar-Nord entdeckte ich an einigen Türen des Hauses folgenden Spruch: »Höflichkeit erobert Herzen«.

Ich glaube, es war auch ein mahnender Hinweis für Verkäufer, die diese Firma besuchten.

Bedingt durch unsere schnellebige Zeit geht uns oft die Geste der Höflichkeit verloren. Dennoch schätzen alle eine helfende Hand, z.B. beim Öffnen einer Tür, besonders für ältere Menschen, und wenn es gilt, zu stützen und mit anzupacken. Diese Hilfestellungen kosten doch nichts, bedeuten für den Empfänger aber viel und machen das Leben lebenswerter – sie erobern Herzen. Sie helfen dem Verkäufer, sich von seinen Konkurrenten zu unterscheiden und ihn selbst in guter Erinnerung bleiben zu lassen. Hier ein Beispiel:

In Heide gibt es mehrere Apotheker, Herr Linksweiler jedoch dachte besonders an seine älteren Kunden und stellte in seiner Apotheke einige Stühle auf. Gehbehinderte werden durch sein Personal zur Tür begleitet, und Kinder erhalten oft kleine Überraschungen.

## Fragen und Aufgaben

1. Nennen Sie einige weitere Knigge-Regeln für Verkäufer

2. Was sollten Sie bei Ihrem Aussehen und Ihrer Kleidung künftig mehr beachten?

3. Überlegen Sie, wie Sie noch mehr Sympathie durch Hilfereichungen für den Kunden erlangen

4. Überlegen Sie, wie Sie bei dem Gespräch Takt und Sympathie gewinnen können

5. Durchdenken Sie, was Sie an taktlosen Menschen besonders stört

## Zum Nachdenken

- Viele Verkäufer scheitern schon vor der Tür
- Der Kunde kann Sie oft nur nach Ihren Worten beurteilen
- Verkäufer müssen erst Vertrauen erwerben und dann verkaufen
- Wer 50 Prozent mehr »wir« sagt, wird 100 Prozent mehr Erfolg haben, als die, die nur immer »ich« sagen.
- Wer anderen hilft, bevor er verhandelt, kann besser verhandeln
- Auch wer laut redet, hat nicht immer Recht

# STUFE 7

## AUFMERKSAMKEIT DURCH NEUGIERDE UND ÜBERRASCHUNG

| | |
|---|---|
| A | Außergewöhnlich sein |
| N | Neugierde wecken |
| Ü | Überraschen |

## Stufe Nummer 7 – Überraschung und Neugierde wecken

### Einleitung

Keine Zeit – keine Zeit, so tönt es heute immer öfter! Jeder ist so beschäftigt mit seinen eigenen Gedanken und Problemen, daß er die Kunst des Zuhörens fast verlernt hat. Wer aber nicht zuhören kann, wird auch nicht verstehen können. Deshalb muß jeder Verkäufer erst einmal sicherstellen, daß der Gesprächspartner ihm auch wirklich zuhört. Wenn Sie sprechen, ohne die Aufmerksamkeit des Gesprächspartners zu besitzen, ist die Aktion verpufft. Das Sprechen können Sie sich sparen, kaufen tut der Kunde dann ohnehin nicht.

### Wie erreicht man diese wichtige Voraussetzung?

Es gibt sicher mehrere Wege. Einen erprobten wollen wir hier näher erläutern. Es ist die Taktik der Überraschung und Neugierde. Damit werden Sie Ihre Zuhörer fesseln. Wenn es Ihnen nämlich nicht gelingt, den Kunden schon mit den ersten Kontaktsätzen für Sie zu interessieren, kann es vorkommen, daß der Kunde so üblich gewordene Phrasen wie: »Sie sind heute schon der 15. Reisende« verwendet. Gute Verkäufer beherrschen die Kunst, sich schon durch die Wahl der allerersten Kontaktnahme von allen anderen wesentlich zu unterscheiden und somit die Aufmerksamkeit des Kunden von Anfang an zu wecken. Als Verkäufer sind auch Sie praktisch im Show-Geschäft!

### Wichtige Gründe, warum Sie Neugierde wecken müssen:

Die zunehmende mangelnde Konzentration des einzelnen ist ein großes Problem der heutigen Zeit. Die Menschen hören immer weniger konzentriert zu. Viele sind so gehetzt und nervös, daß sie kaum einen klaren Gedanken fassen können. Wenn Sie erfolgreich verkaufen wollen, muß Ihre Botschaft also auch durchdringen.

Erwähnen wir noch einige weitere Gründe, warum wir Neugierde und Überraschung erzielen müssen, um folgende Probleme aus dem Weg zu räumen:

- Wie schon gesagt, kaum einer hat heute richtig Zeit zum Zuhören
- Viele haben andere Prioritäten und Probleme
- Verkäufer werden oft als Störfaktor empfunden
- Viele wollen kurzfristig Termine verschieben
- Manche hören aus Faulheit nicht zu
- Viele bevorzugen es, optisch gefesselt zu werden
- Emotionen spielen eine große Rolle
- Wer sich eben geärgert hat, hört ungern zu
- Allgemeine Kaufunlust
- Kunden sagen oft, sie hätten kein Geld
- Frühere Enttäuschungen anderer Lieferanten
- Kein Platz im Geschäft zum Verhandeln
- Viele Geschäftspartner besitzen nicht genügend Autorität zum Einkaufen
- Oft werden auch die falschen Personen angesprochen

### Welche Fragen muß man sich nun also vor dem Besuch stellen, um Lösungen bereit zu haben?

- Wie wecke ich Neugierde?
- Wie erziele ich Überraschung?
- Wie gewinne ich die Aufmerksamkeit des Kunden?
- Welche Präsentationsreihenfolge der Artikel wähle ich?
- Was interessiert den Kunden wirklich?

## Wichtige Arbeitshilfsmittel bei dieser schweren Aufgabe

- Mit Papier und Bleistift arbeiten
- Verwenden Sie hochwertige Kugelschreiber, die Aufmerksamkeit wecken.
- Verwenden Sie Werbegeschenke
- Verwenden Sie Displaymaterial
- Benutzen Sie illustrierte Anzeigen
- Verwenden Sie interessante und saubere Verkaufsmappen
- Benutzen Sie Fotos
- Verwenden Sie kleine Gags
- Verwenden Sie Zeichnungen
- Zeigen Sie etwas Neues
- Überreichen Sie Miniatur-Ausgaben
- Überreichen Sie Produkt-Vergrößerungen
- Sprechen Sie die Hauptsinne an: Riechen, Schmecken

## Wie man Neugierde weckt

- Achten Sie auf persönliche Merkmale
- Das Werbegeschenk auf die Theke (Tisch) legen
- Eine Dienstleistung anbieten
- Eine Service-Leistung anbieten
- Ein schriftliches Angebot einreichen
- Die Ware direkt hereinbringen
- Dem Kunden die Ware sofort in die Hand geben, einen Schritt zurücktreten und durch Fragetechnik operieren

## Wie können Sie den Kunden überraschen?

- Durch eine gezielte Frage
- Mit Verwendung eines Gags
- Durch eine verblüffende Aussage

- Durch interessante Bemerkungen
- Durch kleine Gefälligkeiten
- Durch Nennung einer Empfehlung
- Durch Visualisierung des Rabattes
- Verwenden Sie Humor
- Verwenden Sie Schlagfertigkeit
- Übermitteln Sie einen Gruß
- Arbeiten Sie mit Referenzen
- Fallen Sie auf durch Ihre gute Kleidung
- Verwenden Sie Differenzierungsmöglichkeiten
- Verwenden Sie Demonstrationsmöglichkeiten

## Einige Allgemein-Regeln

- Weniger reden, mehr zeigen
- Konzentriert sprechen
- Verwendung visueller Hilfsmittel
- Arbeitsmaterial immer griffbereit halten
- Arbeiten Sie schnell und präzise
- Beachten Sie den Trend zum Optischen
- Untermalen Sie das Gesagte mit Schriftlichem, es wirkt dann glaubwürdiger
- Sprechen Sie nicht vom Wetter
- Halten Sie sich nicht zu lange beim Personal auf
- Halten Sie alle Versprechungen ein

## Weitere Möglichkeiten, Aufmerksamkeit zu gewinnen

- Verwenden Sie Übertreibungen (aber nur, um erst einmal Aufmerksamkeit zu erregen)
- Verwenden Sie Untertreibungen
- Zeigen Sie etwas Außergewöhnliches
- Erzeugen Sie Spannung

- Sagen Sie: »Moment bitte, ich hole Ihnen etwas«
- Sagen Sie: »Ich möchte Ihnen eine neue Idee verkünden«
- Auch ein Streitgespräch führt manchmal zum Erfolg
- Verwenden Sie Showmanship
- Benutzen Sie gute, vielleicht originelle Visitenkarten
- Zeigen Sie Filme
- Verwenden Sie Dias
- Benutzen Sie Tonkassetten (diese letzten drei Möglichkeiten bieten sich natürlich nur für gewisse Branchen und Tätigkeiten an).

## Wichtige Hilfsmittel

- Mehr und mehr werden heutzutage kleine Geschenke verteilt, wie zum Beispiel:
- Kugelschreiber, Schlüsselringe, Porzellan-Sparschweinchen usw.
- Kommen Sie z. B. mit einem roten Koffer
- Abonnieren Sie für den Kunden Zeitschriften
- Verschenken Sie Plastik-Klammern
- Schenken Sie Termin-Kalender etc.

## Beispiele aus der Praxis

*1. Der Börsenhändler hörte nicht zu*

Kürzlich erzählte mir Herr Schöning aus Frankfurt anläßlich eines RKW-Seminars folgende Geschichte:

»Ich besuchte neulich einen Börsenmakler wegen eines Druckauftrages. Auf seinem Tisch waren acht Telefon-Apparate. Während ich vor ihm saß, war er ständig am Telefonieren, ein Gespräch jagte das andere. Ich merkte, daß ich überhaupt nicht weiterkam, jedesmal, wenn ich mein Verkaufsgespräch beginnen wollte, klingelte erneut das Telefon. Das machte ich etwa eine halbe Stunde mit und dann kam mir folgende Idee: Ich merkte mir die Telefonnummer des einen Apparates und ging in einen Nebenraum. Von dort aus rief ich an und sagte: »Herr Meier, da Sie so beschäftigt sind, glaube ich, daß ich mit Ihnen nur telefonisch Kontakt bekomme.« – Der Kunde lachte hörbar und sagte: »Kommen Sie bitte wieder herein, ich bin nun ganz Ohr für Sie!« – Ich hatte mein Ziel erreicht, einen guten Auftrag erhalten und noch dazu einen Freund gewonnen. – Durch Überraschung, Wecken der Neugier sowie den Mut, neue Wege zu gehen, gewinnen wir immer! Der kreative Verkäufer mit eigenen Ideen ist dem Routine-Verkäufer stets überlegen.

*2. So kann man Feldstecher auch verkaufen!*

In der »Lebensmittel-Zeitung« vom 8. Januar 1971 las ich folgende Geschichte:

In einer Londoner Geschäftsstraße blieb ein kleiner Mann stehen und starrte unentwegt in den Himmel. Im Nu war ein Schwarm Passanten um ihn, die ebenfalls nach oben guckten. – Da öffnete der Mann einen Koffer und begann, Feldstecher feilzubieten. Er konnte mehrere Stück verkaufen.

## Weitere Beispiele aus der Praxis

Ein Bekannter von mir, Verkaufsleiter in Baden-Württemberg, erzählte mir einmal, daß er auch gute Erfolge damit gehabt habe, die Rabatte zu visualisieren. Anstelle der Formulierung: »Sie erhalten... Rabatt« sagte er z. B.: »Für diesen Rabatt können Sie heute abend 3 Flaschen Sekt mit Ihrer Freundin trinken.« Die Aufmerksamkeit des Kunden war ihm sicher.

Sie werden bestätigen können, daß die Esso-Aktion »Tiger im Tank« auf dem deutschen Markt große Überraschung hervorgerufen hat. Die Neugierde war geweckt.

Einige Verkäufer im Blendax-Außendienst verwendeten vor einiger Zeit mit großem Erfolg die kleinen Gucki-Dia-Vorführapparate. Der Kunde kann sich auf diese Weise gleich ein Bild von der Farbwirkung der Displays machen.

In Österreich wurde der Swed-Spray mit interessanten Hilfsmitteln eingeführt. Zum Beispiel wurde ein kleiner Karton verteilt mit der Aufschrift: »Hier sollten Sie Ihre Nase reinstecken!« Viele Kunden schnupperten an dem dafür vorgesehenen Schlitz; auf der Rückseite des Kartons stand zu lesen: Der Killer läßt schön grüßen und fragt: »Haben Sie eine gute Nase?«

Verwenden auch Sie die Technik der Überraschung und schaffen Sie Neugierde auf dem Weg zum Abschluß, der Erfolg wird Ihnen Recht geben.

## Ausbildung und Training

1. Mit der zunehmenden Bedeutung der Verkaufsförderung, Werbegags und sonstigen »Attentions-getters« brauchen wir täglich neue und nützliche Ideen, um Aufmerksamkeit und Neugierde zu wecken. ○
2. Notieren Sie solche in Ihrer Ideenkartei und überlegen Sie, inwieweit Sie dann die eine oder andere Idee für Ihre Verkaufserfolge verwenden können. Tagtäglich sollte es heißen: Augen auf! ○
3. Besprechen Sie auch mit Ihren Verkaufskollegen, welche Tips und Gags verwendet werden können. ○
   Zum Schluß noch einmal:
4. Beginnen Sie kein Gespräch mit einem Kunden, bevor Sie sichergestellt haben, daß er Ihnen auch 100-prozentig zuhört. ○
5. Lesen Sie »100 Tips für Verkäufer« (von Peter Ebeling; Verlag Moderne Industrie, München 3. Auflage) ○

## Fragen und Aufgaben

1. Nennen Sie einige allgemeine Regeln, die wichtig sind

2. Welche weiteren Hilfsmittel könnte man in Ihrem Bereich einsetzen?

3. Was muß man schon vor dem Besuch planen und bedenken?

4. Wie können Sie in Ihrer Branche Neugierde wecken? Nennen Sie bitte einige Methoden:

# STUFE 8

## GEKONNTE DEMONSTRATION MIT KONKRETEN FAKTEN UND TATSACHEN

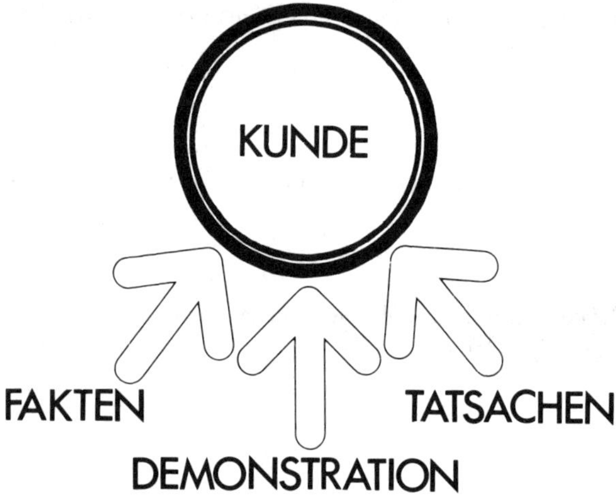


| | |
|---|---|
| D | Richtig demonstrieren |
| F | Konkrete Fakten nennen |
| T | Tatsachen hervorheben |

## Stufe Nummer 8 – Die sachliche Präsentation

### Einleitung

Erst jetzt und nicht vorher beginnt das sachliche Gespräch. Wie ein Gärtner haben Sie den Boden für ein gutes Wachstumsgelingen vorbereitet und sichergestellt. Nun kommen die Hauptfakten – nicht zu viele und nicht zu wenige.

Verwenden Sie Mimik und Gestik, Augenkontakt und sachliche Überzeugungskraft. Ihre Argumente müssen Sie dem Kunden eindringlich vortragen. Neben dem Appell an das Gefühl des Kunden (Emotion) muß auch die Sache von Grund auf behandelt werden. Hier wie da muß es das Ziel sein, das stille »Ja« des Gesprächspartners zu erhalten.

Wie schon des öfteren erwähnt, müssen Sie, bevor Sie mit den sachlichen Argumenten beginnen können, sicherstellen, daß Ihnen der Kunde wirklich zuhört. Dies haben Sie durch die Phase der Überraschung und Neugierde erreichen können. Nun nennen Sie ganz sachlich die Hauptfaktoren und Kundenvorteile Ihres Angebotes. Dabei müssen Sie folgendes beachten:

### Was stelle ich vorher sicher?

- Kenne ich die Produkt-Vorteile?
- Kenne ich das Angebot?
- Kenne ich die Konditionen?
- Kenne ich die Werbeaktionen?
- Habe ich die Kartei überprüft?
- Was macht die Konkurrenz?

## Habe ich Ordnung geschaffen?

- Ist die Reihenfolge der Produktabbildungen richtig?
- Habe ich Muster zum Vorzeigen?
- Habe ich Beweismaterial?
- Liegt alles griffbereit?
- Habe ich Sonderangebotskarten?
- Habe ich Illustrierten-Anzeigen?
- Habe ich Kalkulations-Beispiele?

## Wartezeit ausnützen

- Unterlagen zurechtlegen
- Wie sieht es im Regal aus?
- Wo verhandele ich am besten?
- Wie eröffne ich mein Gespräch?
- Welche Fragen stelle ich?
- Wo kann ich Display unterbringen?

## Welche Zielsetzung

- Welche Produkte biete ich an?
- Welches Minimal- welches Maximal-Ziel?
- Sparsamster Einsatz der Rabatte

## Die Gesprächsführung

- Augenkontakt schaffen
- Gezielte Gesprächseröffnung
- Kurze, knappe Sätze
- Mimik und Gestik
- Fragen stellen
- Demonstrieren

- Schnell handeln
- Begeistert sein

## Was sollte ich sonst noch beachten?

- Vermeidung von Superlativen
- Konkurrenz nicht schlecht machen
- Dem Kunden nicht ins Wort fallen
- Gespräch immer sachlich, präzise und informativ führen
- Keine unrichtigen Behauptungen aufstellen
- Nicht mit dem Kunden streiten

## Gesprächsüberprüfung

- Konnte der Kunde Sie verstehen?
- Haben Sie alle wesentlichen Tatsachen vermittelt?
- Haben Sie genügend Beweise erbracht?
- Bieten Ihre Argumente Problemlösungen an?
- War die Darstellung überzeugend?
- Haben Sie Einwände elastisch abgefangen?
- Haben Sie die richtige Atmosphäre geschaffen?
- Was haben Sie dem Kunden versprochen?
- Wie wollen Sie künftig besser argumentieren?

## Zum Auflockern ein kleines Gedicht:

»Zu jeglichem Verkaufsbeginnen
muß ich den Kunden erst gewinnen;
drum wird, tret' ich zum Kunden ein,
der Kunde erster Blickpunkt sein.
Ihn rück' ich mir ins rechte Bild,
sein Laden mir als Rahmen gilt.

Es ist – Erfahrung mich gemahnt –
ein gutes Bild meist gut gerahmt!
Stell' mich dann auf den Kunden ein,
möcht' ihm doch auch sympathisch sein.
Soll meine Arbeit Früchte bringen,
dann muß es mir zunächst gelingen,
mit guter Rede und Gebärde,
daß ich dem Kunden Blickpunkt werde.«

(Teilnehmer eines Seminars)

Diese Demonstrations-Phase muß gekonnt über die Bühne gebracht werden. Neunzig Prozent aller Verkäufer reden hier zu viel und es kommt vor, daß der Kunde sagt: »Ja, bitte schreiben Sie 10 Kartons auf« und der Verkäufer redet weiter und weiter.

## Ausbildung und Training

1. Üben Sie Verkaufsgespräche zu Hause auf Tonband ○
2. Lernen Sie kurz, knapp und prägnant zu artikulieren ○
3. Lassen Sie sich durch Ihren Ausbilder im Außendienst beraten ○
4. Überlegen Sie, wie Sie die Gesprächszeit reduzieren können. ○

## Fragen und Aufgaben

1. Was muß ich alles vorher sichergestellt haben?

2. Was sollte man idealerweise alles dabei haben?

3. Was müssen Sie beachten, wenn Sie das Gespräch im Büro führen?

4. Was sollten Sie beachten, wenn Ihr Gespräch durch einen Telefonanruf unterbrochen wird?

5. Welche wichtigen Punkte müssen beim Telefonieren berücksichtigt werden?

## Zum Nachdenken

- Überreiche dem Kunden zuerst die Ware, dann frage
- Wer Autopflegemittel verkaufen will, demonstriert die Wirkung am Wagen selbst, anstatt erst lange die Vorteile zu erklären
- Ein Round-table-Gespräch kann unter Umständen auch eckig auslaufen

## STUFE 9

### KUNDENNUTZEN KENNEN UND NENNEN

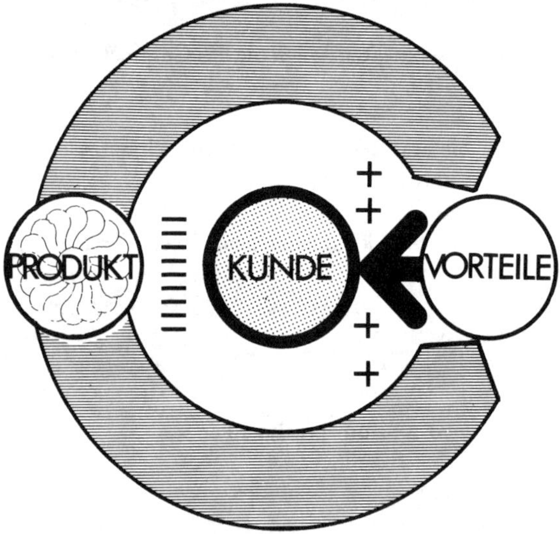


| | |
|---|---|
| K | „What is in it for me“ |
| K | Welche Produktvorteile |
| N | Richtig nennen |

# Stufe Nummer 9
# Kundennutzen hervorheben

## Einleitung

Folgende Erkenntnis sollten wir uns stets vor Augen halten: »Der Mensch tut nur das, wovon er sich einen Vorteil verspricht.« Oder, wie die Engländer sagen: »What is in it for me?«

Ein Kauf kommt nur zustande, wenn die Vorteile, die ein Produkt oder eine Dienstleistung bieten, den gerechtfertigten Preis überwiegen. Die Bereitschaft, einen Preis zu zahlen, ist natürlich von Mensch zu Mensch oder von Kunde zu Kunde unterschiedlich. Wer einen höheren Preis beanspruchen will, muß auch größere Kunden-Vorteile bieten.

Nun, es ist die Aufgabe des Verkäufers, die Vorteile, die sein Produkt oder seine Dienstleistung bieten, dem Kunden klar vor Augen zu halten, um so den Entscheidungsprozeß dem Kunden zu erleichtern. Die von Ihnen schon genannten Fakten müssen mit »Wortbildern« ausgeschmückt werden. – Der Kunde muß das Gefühl bekommen: »Nun gib es schon her!«

Die Frage erhebt sich, welchen Warenvorteil kann der Verkäufer seinem Kunden bieten. Hier nur einige:

## 1. Produkt-Sortiment

- Impulsstark
- Intensive Forschung
- Gleichbleibende Qualität
- Attraktive Aufmachung

- Psychologische Farbgestaltung
- Marktbewährte Erzeugnisse
- Modernes Sortiment

### 2. Gewinnchance

- Gewinn-Insel
- Gute Spanne
- Interessante Rendite
- Skonto
- Einführungsrabatte
- Aktionsrabatte
- Guter Umschlag
- Großer Gewinn auf wenig Platz
- Price-off-Action

### 3. Risikolos

- Breite Palette
- Namhafte Firma
- Marktführende Erzeugnisse
- Intensive, nationale Werbung
- Erfassung aller Bevölkerungsschichten
- Unsere Werbung bringt Kunden in Ihr Geschäft
- Gute Haltbarkeit
- Sofortige Reklamationsbehandlung
- Regelmäßige Betreuung
- Steigender Bedarf
- Abverkaufshilfsmittel

### 4. Service-Leistungen

- Persönliche Beratung
- Ab-Wagen-Verkauf
- Überweisungsverkehr
- Warenplazierung
- Merchandising
- Verkaufsaktiver Display
- Display mit Zweitnutzen
- Verläßliche Betreuung
- Werbedamen-Abverkauf
- Einführungsgeschenke

### 5. Imagebildende Produkte

- Echte Kunden-Magnete
- Werbeangebote
- Allgemeine Verkaufsförderung
- Aktuelles Sortiment
- Marktführende Artikel
- Neuzeitliche Produkte

Gute Verkäufer beherrschen die Kunst, den Kundennutzen hervorzuheben. Analysieren Sie Ihr Produkt und auch sonstige Vorteile, die Sie und die Firma dem Kunden bieten können und es wird Ihnen gelingen, größere Abschlüsse zu tätigen.

### Tips und Hinweise, um den Kunden-Nutzen herauszustellen

- Zeigen Sie Referenzen
- Stellen Sie die wichtigsten Argumente in den Vordergrund
- Analysieren Sie die Hauptkaufmotive
- Zählen Sie 5 Hauptnutzen für den Kunden auf

- Verwenden Sie Beweismaterial
- Überreichen Sie ihm die Umsatzentwicklung
- Machen Sie eine Gewinn-Rechnung auf
- Sprechen Sie aus Kundensicht
- Stellen Sie die Werbung heraus
- Behandeln Sie die Ware liebevoll
- Sagen Sie, warum heute ein Kauf so wichtig ist
- Nennen Sie die Gewinn- und Umschlags-Chancen
- Liefern Sie Ideen für den Abverkauf
- Seien Sie selbst begeistert
- Versetzen Sie sich in die Lage des Kunden
- Nennen Sie Garantie-Vorteile
- Besonders in der heutigen Zeit ist es gut zu sagen: »Sie gehen kein Risiko ein!«
- »Wir verbürgen uns dafür«
- Sprechen Sie bildhaft
- Nennen Sie die Kundendienst-Vorteile
- Zählen Sie die Vorteile auf, die der Kunde durch sofortige Lieferung erhält
- Bieten Sie Problemlösungen an
- Bieten Sie Ihren persönlichen Dienst an

## Beispiele aus der Praxis

1. Beim Sales-Managers-Club in Johannesburg hörte ich einmal folgende nette Geschichte:

Ein hervorragender Verkäufer wurde nach Island entsandt, um den Eskimos Kühlschränke zu verkaufen. Sie sagten ihm vor seiner Abreise, er wird es diesmal nicht schaffen können. Dieser Star-Verkäufer kam allerdings zurück mit einem großen Auftrag für Kühlschränke, denn es gelang ihm, den Eskimos den Kundennutzen klar herauszustellen. Wie Sie wissen, ist es dort sehr, sehr kalt; so überredete er die Eskimos dazu, daß sie die Kühlschränke doch verwenden könnten, um ihre Fische relativ »warm« zu halten!

2. Zwei Verkäufer wurden von ihrer Firma in den Urwald nach Afrika geschickt, um dort das Geschäft anzukurbeln. Der eine kehrte schon bald nach Deutschland zurück und teilte seiner Firma mit, daß ihm ein Verkauf der Schuhe unmöglich gewesen wäre, denn die Schwarzen trügen keine Schuhe.

Der andere Verkäufer telegrafierte: »Schickt große Ladung Schuhe, denn die Schwarzen hier tragen noch keine Schuhe.«

Wir sehen, was es bewirken kann, Nutzen und Vorteile richtig herauszustellen.

*3. Laden Sie den wichtigen Kunden doch einmal zum Essen ein!*

Allein diese Tat kann Ihnen schon zu größeren Umsätzen verhelfen. Viele Verkäufer, die ich kenne, verwenden diese Taktik bewußt als Strategie für die Kundengewinnung. Abschlüsse, die in große Höhen gehen, sind oft schon am Mittagstisch entschieden worden. Kunden schätzen eine Einladung dieser Art. Außerdem ist die Atmosphäre eine ganz andere, denn Sie sitzen als gleichwertiger Partner am Tisch.

Führende Versicherungsleute, Anzeigenleiter und Spezialisten unter den Verkäufern bedienen sich dieser Methode. Hier nur einige Punkte, die dafür sprechen:

1. Sie füllen die Mittagszeit nutzbringend aus.
2. Der Kunde fühlt sich eher verpflichtet, zu kaufen.
3. Sie differenzieren sich von Ihren Konkurrenten.
4. Keine Störung, und deshalb mehr Konzentration des Kunden.
5. Eine gute Gesprächseröffnung für den nächsten Besuch.
6. Der Kunde kann sich nicht so schnell entfernen.

## (1) Kundennutzen-Bogen

| **Plus** (Vorteile) | | **Minus** (Einwände) | |
|---|---|---|---|
| 1 | ______________________ | 1 | ______________________ |
| 2 | ______________________ | 2 | ______________________ |
| 3 | ______________________ | 3 | ______________________ |
| 4 | ______________________ | 4 | ______________________ |
| 5 | ______________________ | 5 | ______________________ |
| 6 | ______________________ | 6 | ______________________ |
| 7 | ______________________ | 7 | ______________________ |
| 8 | ______________________ | 8 | ______________________ |
| 9 | ______________________ | 9 | ______________________ |
| 10 | ______________________ | 10 | ______________________ |

## (2) Kundennutzen-Bogen

| **Plus** (Vorteile) | | **Minus** (Einwände) | |
|---|---|---|---|
| 1 | ______________________ | 1 | ______________________ |
| 2 | ______________________ | 2 | ______________________ |
| 3 | ______________________ | 3 | ______________________ |
| 4 | ______________________ | 4 | ______________________ |
| 5 | ______________________ | 5 | ______________________ |
| 6 | ______________________ | 6 | ______________________ |
| 7 | ______________________ | 7 | ______________________ |
| 8 | ______________________ | 8 | ______________________ |
| 9 | ______________________ | 9 | ______________________ |
| 10 | ______________________ | 10 | ______________________ |

1. Denken Sie immer daran, daß Sie beim Verkaufsgespräch stets an den Kundennutzen denken.
2. Entwickeln Sie Tabellen, woraus der Kundennutzen zu ersehen ist.
3. Verwenden Sie die bewährte Plus-Minus-Methode in der Argumentation.

Fragen Sie den Kunden ruhig, welche Einwände er hat und notieren Sie diese auf der Minusseite.

Fragen Sie ihn auch, ob noch weitere Punkte gegen den Einkauf sprechen.

Dann zeichnen Sie die vielen Kundennutzen auf der Plus-Seite auf, so daß diese bei einem Vergleich überwiegen. Dann können Sie immer zu dem Kunden sagen: »Nun, Herr Meier, wir sehen hier doch, daß die Plus-Punkte überwiegen. Glauben Sie nicht auch, daß die Vorteile für einen Kauf sprechen?«

## Fragen und Aufgaben

1. Nennen Sie für ein oder zwei Ihrer Produkte die Hauptnutzen für den Kunden

2. Nennen Sie einige Kunden-Kaufmotive generell

3. Nennen Sie einige Wörter, die mit Gewinn und Rendite zu tun haben

4. Entwickeln Sie einige Argumente, warum der Kunde sofort kaufen sollte.

5. Was verstehen Sie darunter, wenn wir meinen, daß Produkte Problemlöser sein sollen?

## Zum Nachdenken

- Auch eine gute Idee muß verkauft werden.
- Verkaufen bedeutet Kundenprobleme erkennen und Lösungsmöglichkeiten anbieten.

# STUFE 10

## GEZIELTE FRAGEN STELLEN UND ZUHÖREN

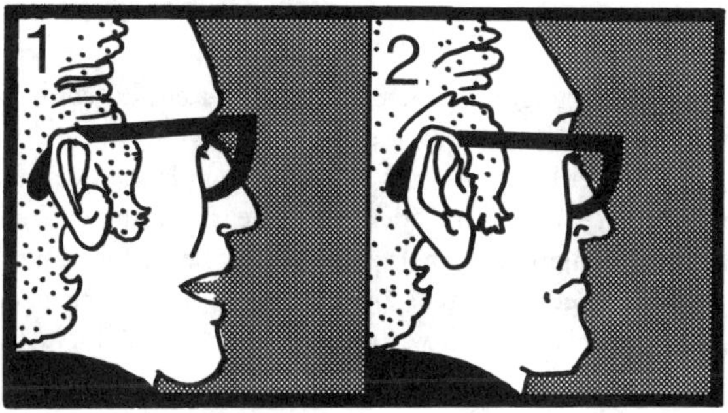


| | |
|---|---|
| 1 | Gezielte Fragen |
| 2 | Richtiges Zuhören |

# Stufe Nummer 10 – Gezielte Fragen stellen und zuhören

## Einleitung

Kunden-Befragungen ergeben immer wieder ein Ergebnis: »Verkäufer reden zu viel und hören selten gut zu.«

Wie sieht es bei Ihnen aus? Es ist zumeist ein Fehler, der aus Begeisterung für sein Produkt oder seine Dienstleistung entsteht. Er möchte die Erzeugnisse in überzeugender Weise an den Mann bringen – deshalb redet er meistens zu viel, ohne je darüber nachgedacht zu haben. Zunächst wollen wir die »Frage« näher untersuchen.

## Welche Frage-Arten gibt es?

Nun, es gibt eine Menge von Frage-Arten, die wir auch im Verkaufsgespräch anwenden und üben müssen:

- Indirekte Frage
- Direkte Frage
- Informationsfrage
- Suggestiv-Frage
- Zeitgewinnungsfrage
- Rhetorische Frage
- Die Warum-Frage

Es ist eine bekannte Tatsache, daß der, der dem anderen Fragen stellt, das Gespräch führt und lenkt. – Haben Sie schon bemerkt, daß die Menschen, die in ihrem Beruf viele Fragen stellen müssen, oft das meiste Geld verdienen?

- Ärzte
- Richter
- Rechtsanwälte
- Psychiater
- Politiker usw.

## Warum ist die Fragetechnik so wichtig?

- Sie können um Rat fragen
- Es lockt den Kunden in ein Gespräch
- Sie erhalten zusätzliche Informationen
- Sie können den Partner eher »festlegen«
- Der Kunde kommt selbst zum Reden
- Sie gewinnen Sympathie, wenn Sie gut zuhören
- Sie gewinnen selbst Zeit zum Nachdenken

Die Alternativ-Fragetechnik läßt z. B. den Kunden schneller zu einer Entscheidung kommen;

*Beispiel:* »Paßt es Ihnen am Montag um 14.00 Uhr oder besser am Dienstag um 14.00 Uhr?«

## Zuhören ist wichtig

Neben der mangelnden Planung stellen wir Verkaufstrainer immer wieder fest, daß ein *gravierender Fehler der Verkäufer im Einzel- und Außenhandel das mangelnde Zuhören ist.* In diesem Zusammenhang habe ich ein entsprechendes Trainings-Tonband für besseres Zuhören entwickelt. Beschäftigen wir uns kurz mit diesem Thema:

- Zuhören muß geübt werden
- Jeder kann besser zuhören, wenn er nur will
- Zuhören müssen Sie auch mit den Augen
- Zum Zuhören gehört auch die »Kopfnick-Methode«
- Beim Zuhören müssen Sie den Kunden ausreden lassen und dürfen ihm nicht ins Wort fallen.

- Beim Zuhören ist es vorteilhaft, wenn Sie ab und zu Notizen machen
- Beim Zuhören sollten Sie Verständnis zeigen
- Beim Zuhören sollten Sie 100%ig konzentriert sein.
- Beim Zuhören sollten Sie auf die Argumente des Kunden eingehen
- Beim Zuhören sollten Sie nicht ungeduldig werden
- Beim Zuhören können Sie die Formulierung: »Ja, und...« benutzen oder: »Ja, sicher...!« oder: »Sie haben recht«, »von der Warte habe ich es noch gar nicht betrachtet« etc.

  Viele sind nach solchen Umfragen ganz erstaunt zu hören, daß sie zu 90% selbst reden.

## Ausbildung und Training

1. Bitte fertigen Sie sich eine Karte an, auf der Sie ganz groß notieren: »Mehr Fragen stellen!« und tun Sie diese in Ihre rechte Anzugtasche als Erinnerung bei der täglichen Arbeit. ○
2. Entwickeln Sie immer neue Fragen, die Sie in Ihren Verkaufsgesprächen verwenden können. ○
3. Üben Sie das Zuhören täglich, indem Sie bewußt, besser und intensiver zuhören ○
4. Fragen Sie gute Bekannte und Kollegen, wie sie Sie als Zuhörer einschätzen; wieviel Prozent Sie reden und wieviel Prozent Sie zuhören. ○

## Beispiel aus der Praxis

*Zuhören ist besser als Zerreden*

(Eine Geschichte von Mark Twain)

»An jenem Morgen predigte statt eines Pfarrers ein Missionar, der eine prachtvolle Stimme hatte. In ergreifender Schlichtheit erzählte er von den Leiden der Neger und wie dringend sie Hilfe benötigten. Ich war so gerührt, daß ich statt der fünfzig Cents, die ich zu opfern gedachte, die Spende verdoppeln wollte. Die Schilderungen des Missionars wurden immer eindringlicher, und ich nahm mir vor, meine Gabe weiter zu steigern: auf zwei, drei Dollar, vier, fünf Dollar. Schließlich war ich fast dem Weinen nahe und fand, alles Geld, das ich bei mir hatte, reichte nicht aus, und ich müsse dem Redner einen ansehnlichen Scheck aushändigen.

Der Missionar aber redete und redete, so daß mir die Sache dann doch zu langweilig wurde. Immer mehr ließ ich die Idee mit dem Scheck fallen. Kleiner und kleiner wurde meine Spende. Der Missionar redete aber immer noch und erreichte bei mir, daß ich bei der Sammlung schließlich ganze zehn Cents auf den Teller legte.«

Quelle: Mark Twain in der Anekdote – Heimeran Verlag

## Fragen und Aufgaben

1. Nennen Sie einige Gründe, warum das Zuhören so wichtig ist

2. Nennen Sie einige Zuhörer-Tips

3. Nennen Sie einige Fragearten

4. Geben Sie Beispiele für einige schlechte Fragen!

## Zum Nachdenken

*Fragen*
- Es ist oft klüger, weniger zu sagen und mehr zu fragen
- Die Fragetechnik lernt man am besten zu Hause von den Kindern
- Sage ruhig etwas, aber dann nicht nichtssagend
- Manche Menschen beantworten eine Frage oft mit einer Gegenfrage

*Zuhören*
- Durch Schweigen können Sie viele zum Reden bringen
- Echtes Zuhören bedeutet, daß man ab und zu auch etwas sagt
- Der Mensch hat zwei Ohren, aber nur eine Zunge
- Wenn einer Sie ansieht, bedeutet es noch lange nicht, daß er Ihnen auch zuhört und zustimmt
- Vor lauter Sprechen kommen viele Verkäufer gar nicht zum Zuhören
- Das Schöne am Telefon ist, daß zwei Personen nicht gleichzeitig sprechen können.

# STUFE 11

## EINWÄNDE GEKONNT ENTKRÄFTEN

## Stufe Nummer 11 – Einwände gekonnt entkräften

### Einleitung

»Der soll mir mal kommen...« »Ich kenne meine Produkte und die meisten Einwände der Kunden auch, die ich im »Handumdrehen« beantworten kann...«

Das mag stimmen, aber sind Sie dann nicht vielleicht in den Augen Ihrer Kunden ein »Besserwisser«?

Einwände schnell und klug beantworten ist gut, aber es kann auch gefährlich sein – denn oft sagt der Kunde dann aus Verletztheit: »...und trotzdem kaufe ich nicht!«

Kein Mensch möchte nämlich bewiesen haben, daß er unrecht hat.

Immerhin müssen Sie die vielen erprobten und bekannten Techniken kennen und gekonnt – als guter Verkäufer – anwenden.

### Allgemeine Hinweise für die Behandlung von Einwänden

Es ist eine bekannte Tatsache, daß, wenn man ein Argument gewinnt, unter Umständen aber einen Kunden verliert. Die Frage ist also, ob es sich lohnt, immer recht zu haben?

- Versuchen Sie, die Wahrheit zu ergründen
- Vergessen Sie nicht: Es ist besser einen Auftrag zu verlieren als einen Kunden
- Bemühen Sie sich, sich mit dem Kundenproblem zu identifizieren.
- Beurteilen Sie immer und als erstes, ob der Einwand objektiv oder subjektiv ist. Diese Analyse wird selbstverständlich Ihr weiteres Vorgehen bestimmen.

- Entkräften Sie diplomatisch den Einwand
- Appellieren Sie an Verkaufserwägungen
- Ergründen Sie die Reklamations-Beeinflusser
- Versuchen Sie herauszufinden, worauf der Kunde eigentlich hinauswill
- Haben Sie Verständnis für die Kunden-Emotionen
- Machen Sie keine Versprechungen, die Sie nicht einhalten können
- Versprechen Sie bei Reklamationen dem Kunden eine genaue Untersuchung

## Gute Verkäufer begrüßen Einwände

*aus folgenden Gründen*
- Kundeneinwände bieten eine Diskussions-Plattform
- Kundeneinwände fordern den Verkäufer heraus
- Kundeneinwände dienen oft als Kompaß für die Gesprächsführung
- Kundeneinwände werden oftmals nur als Vorwand in den Raum gestellt
- Kundeneinwände sind Leuchttürme auf dem Weg zum Auftrag
- Kundeneinwände sind Fragen an den Verkäufer, warum der Kunde kaufen soll
- Kundeneinwände sind Hürden, die ein »Verkaufs-Sportler« nehmen muß.

## Analyse der Einwände

1. *Einwände gegen die Person oder Persönlichkeit*
   (Was der Kunde denken könnte)
- Wo ist sein Vorgänger?
- Der ist mir unsympathisch
- Der redet mir zu viel
- Seine Kleidung ist mir zu auffällig oder unkorrekt

*2. Einwände gegen die Firma*

- Ich unterstütze nur fachhandelstreue Firmen
- Sie beliefern ja C und C und Verbrauchermärkte
- Sie liefern die Ware unpünktlich
- Sie erledigen die Reklamationen nur sehr schleppend
- Sie sind zu teuer
- Die Qualität Ihrer Produkte ist nicht gut

*3. Einwände aus der Kundensituation*

- Keine Zeit
- Kein Geld
- Kein Interesse
- Kein Bedarf
- Andere Pläne
- Will abwarten
- Billigere Bezugsquellen

*4. Allgemeine Interesselosigkeit*

- Austauschbarkeit der Ware
- Ich habe schon die Marke X
- Ich verdiene zuwenig
- Bin noch nie mit diesen Produkten klargekommen
- Ich bin bisher auch ohne diese Produkte ausgekommen
- Habe noch genügend Vorrat
- Beim nächsten Mal...

*5. Zur Marktsituation*

- Machen Sie erst einmal Werbung!
- Die Aufmachung ist zu teuer für meinen Kundenstamm
- Will erst abwarten, ob der Artikel verlangt wird
- Die Konkurrenz ist billiger
- Gute Belieferung durch den Großhandel
- Mitbewerber hat besseres Display, bessere Konditionen und Preise
- Die Konkurrenz bietet mir mehr Vorteile

6. *Einwände gegen das Produkt*
- Die Farbe gefällt mir nicht
- Der Geschmack sagt mir nicht zu
- Die Werbung gefällt mir nicht
- Der Artikel hat keinen Umschlag
- So etwas geht bei mir nicht
- Der Artikel hat technische Mängel

7. *Einige allgemeine Einwände*
- Frühere Enttäuschung
- Kein Vertrauen zum Verkäufer oder zur Firma
- Bessere Kontakte zur Konkurrenz
- Keine sonstigen Vergünstigungen

## Einwandtechnik

Es gibt zwei Hauptgruppen von Einwänden:
a) subjektive Einwände
b) objektive Einwände.

*Der subjektive Einwand* ist der Einwand, der vorgeschoben wird, um die Realitäten zu verschleiern, um keine Bestellung aufgeben zu müssen.

Beispiel:
- Keine Lust
- Verärgerung
- Andere Prioritäten
- Angst vor Entscheidungen

*Der objektive Einwand* ist der Einwand, der der Wirklichkeit entspricht.

Hier einige Behandlungsmöglichkeiten dafür (subjektiver Art):
- Den Einwand überhören
- Dem Einwand mit Humor begegnen
- Einwände umkehren (gerade deshalb...)

- Einwand durch Frage selbst beantworten lassen
- Eine Beantwortung vorerst verschieben
- Den Einwand selbst wiederholen (»Wenn ich Sie richtig verstanden habe, ...«
- Beantworten Sie den Einwand mit »Warum...«
- Erkennen Sie die Ausrede
- Verwenden Sie die Vorweg-Methode
- Erzählen Sie eine dazu passende Story
- Verwenden Sie die kategorische Verneinung
- Einwände entkräften
- Ja...-aber...-Methode
- Besser: Ja...-und...-Methode
- oder: Ja... sicherlich!

### Behandlungsmöglichkeiten der echten Einwände

- Intensives Zuhören
- Einzelheiten notieren
- Den Kunden ausreden lassen
- Tatbestand zugeben und kommentieren
- Bei der Gesprächseröffnung den Einwand vorwegnehmen
- Den Kunden den Einwand selbst beantworten lassen
- Fehler zugeben
- Verwenden Sie die Formulierung: »Gerade deshalb...«
- Verwenden Sie die Polster-Technik: »ja... aber...«

### Weitere Methoden für nicht ausgesprochene Einwände

- Den richtigen Zeitpunkt wählen
- Die Plus-Minus-Methode anwenden
- Methode des Überspringens des Einwandes
- Die Umkehr-Methode
- Die Abschwächungs- und Bagatellisierungsmethode

- Die Zersetzungsmethode
- Die Berechnungsmethode
- Humor und Schlagfertigkeit
- Demonstrationsmethode
- Erörterung mit Papier und Bleistift
- Verwendung von grafischen Methoden
- Einwände mit neuen Ideen überspielen
- Suggestionsmethode (»Versuchen Sie es doch einmal!«)

## Erfolgreiche Verkäufer überspringen Hürden der Einwände spielerisch

Als Kinder haben wir doch alle gerne mit Wasser gespielt, besonders nach einem starken Regen. Da wurden Wasserdämme gebaut und Wasserwege angelegt und umgeleitet. Damals beobachteten wir, daß, sobald dem Wasser ein Widerstand begegnete, es sofort einen neuen Kurs einschlug.

Im Tagesablauf eines Verkäufers finden wir dazu die Parallele: Die hier stattfindenden und auftretenden Widerstände sind die gerechtfertigten oder ungerechtfertigten Kundeneinwände! Erfahrene Verkäufer bestätigen, daß der schlimmste Kunde der schweigsame ist. Deshalb sollte der Verkäufer Einwände begrüßen.

*Denken Sie daran:*

- Einwände halten ein Gespräch in Fluß
- Sie zeigen die subjektiven und objektiven Widerstände auf
- Sie ermöglichen es, unsererseits evtl. Korrekturen vorzunehmen
- Sie liefern neue Ideen und Produktverbesserungen
- Sie zeigen uns die »Temperatur« des Kunden an
- Sie erziehen uns zu sachlicher Argumentation
- Sie helfen uns, Kundenprobleme zu erkennen
- Sie zwingen uns, dem Kunden besser zuzuhören

## Beispiel aus der Praxis

*Einwände durch Humor und Schlagfertigkeit meistern*

*(Der Verkäufer, der sonntags kam)*

Sie kennen doch die Einwände:

- Heute paßt es mir nicht!
- Können Sie am Dienstag nächster Woche kommen?
- Montags ist ein schlechter Tag, da erhalte ich Ware.

Das sind die Einwände, die Zeit und Geld kosten. Ferner werden die Tagesplanung und der Wunsch nach einer systematischen Arbeitsweise durch solche Kundeneinwände stark beeinträchtigt. Der unerfahrene oder zaghafte Verkäufer wird durch das ständige »Wiederkommen-Sollen« in seiner Arbeitsweise behindert. Daraus resultieren geringe Kundenbesuche und niedrige Verkaufserfolge.

Nun, wie kann man dieses Problem lösen?

Herr Krentorz, Verkaufsleiter der General Foods in Baden-Württemberg, erfand folgende Formulierung zu dem Einwand: »Heute ist Montag, ich habe keine Zeit, können Sie nicht an einem anderen Tag kommen«?

»Interessant, daß Sie das sagen, ich war schon am Sonntag um 16.00 Uhr hier, und mir wurde gesagt, daß Sie beim Kaffeetrinken seien«.

Die meisten Kunden müssen bei einer solchen Antwort schmunzeln oder sogar lachen.

Humor und Schlagfertigkeit sind Schlüssel zum erfolgreichen Verkaufen.

Überraschungsformulierungen entwaffnen Einkäufer und differenzieren gute von schlechten Verkäufern.

## Ausbildung und Training

Wer Erfolg haben will, muß kontinuierlich trainieren, bevor er das große Rennen beginnt.

Deshalb muß man die »Hürden« nehmen, sie wiederholen sich. Ein guter Sportler analysiert seine Schwächen, um somit die immer wiederkehrenden Hürden bewältigen zu können.

Es ist bedauerlich, wie wenig sich die Verkäufer echt mit den Einwänden des Kunden beschäftigen. Lernen Sie deshalb mit Kundeneinwänden umzugehen! Der erfolgreiche Verkäufer trainiert ständig und mit System.

1. Er hört den Kunden genau an, ohne dabei seinen eigenen Standpunkt in den Vordergrund zu stellen ○
2. Er analysiert die Kunden-Probleme und überlegt dabei: Inwieweit sein Produkt oder seine Dienstleistungen dem Kunden helfen können. ○
3. Er sammelt systematisch auf Karteikarten die am häufigsten auftretenden Einwände ○
4. Er sammelt erfolgreiche Redewendungen, die er oder seine Kollegen angewandt haben ○
5. Er notiert auf Karteikarten in Kurzfassung die prinzipiellen Einwände mit geeigneten, erfolgversprechenden Antworten ○

Entwickeln Sie ein offenes Ohr für Einwände, erarbeiten Sie Lösungsmöglichkeiten, und Sie werden als erfolgreicher Verkäufer die Hürden der Kundeneinwände spielerisch überwinden.

---

## Fragen und Aufgaben

1. Gibt es auch Einwände gegen die Persönlichkeit des Verkäufers oder gegen den Menschen generell?
   Ja/Nein
2. Welche Einwände gibt es zur Kundensituation, die Sie kennen?
3. Welche Bemerkungen macht der Kunde, wenn er desinteressiert ist?
4. Welche Marktverhältnisse spielen eine Rolle?
5. Welche Methoden und Techniken kennen Sie, um Einwänden zu begegnen?
6. Besuchen Sie ein Peter Ebeling Seminar über »Einwand-Training«.

---

Wer diese Stufe gekonnt und mit psychologischem Einfühlungsvermögen, besonders nach der gekonnten Einwandbehandlung, nützt, wird auf jeden Fall erfolgreicher und dauerhafter verkaufen.

1. Versuchen Sie, Ihren Gesprächen sozusagen selbst zuzuhören, und beobachten Sie genau, ob Sie zu Übertreibungen neigen. ○
2. Bitten Sie Ihre Gattin, Kollegen oder Ausbilder, Sie zu berichtigen. ○
3. Besuchen Sie ein Rhetorik-Seminar mit Video-Einsatz, um festzustellen, ob Sie ungewollt eine arrogante Haltung oder Gesichtsausdruck haben. ○
4. Schreiben Sie auf eine Karte: »Vertrauen und Glaubwürdigkeit beim Kunden gewinnen« und kleben Sie diese im Auto auf einen gut sichtbaren Platz zur ständigen Erinnerung an. ○

---

**Zum Nachdenken**

- Kunden, die am meisten schimpfen, sind nicht immer die schlechtesten
- Wer mit Warum antwortet, gibt ungern eine Antwort
- Hinter einer Wand sind oft mehrere Einwände
- Ein Streitfeuer sollte man nie mit Benzin zu löschen versuchen
- Wenn zwei Vögel sich um ein Korn streiten, schnappt es ein dritter meistens weg

---

# STUFE 12

## GEWINNEN SIE VERTRAUEN UND GLAUBWÜRDIGKEIT

# Stufe Nummer 12 – Vertrauen und Glaubwürdigkeit gewinnen

## Einleitung

Sie sollten immer zuerst versuchen, das Vertrauen des Kunden zu gewinnen!

Nicht Sie sollen der Beste sein, sondern geben Sie dem Kunden das Gefühl, daß er einige kluge Bemerkungen gemacht und selbst entschieden hat. Verwenden Sie doch die Technik des »Understatements« – eine kleine Untertreibung. Wie heißt es doch gleich? »Wer sich erniedrigt, wird erhöht«. Lassen Sie den Kunden doch ruhig etwas glänzen. Sie gewinnen ihn so schneller zum Partner und Freund.

Überlegen wir einmal gemeinsam diesen oft mißachteten, aber psychologisch gesehen eminent wichtigen Schritt auf dem Weg zum Auftrag:

## Warum ist Glaubwürdigkeit wichtig?

Oft ist man schon von Hochdruckverkäufen »übers Ohr gehauen worden«. Wie oft hat man mangelhafte Ware erhalten. Diese negativen Erlebnisse machen uns als Käufer skeptisch. Die Menschen sind allgemein skrupelloser geworden, deshalb prüfen wir heute mehr denn je zuvor, ob ein Anbieter auch vertrauenswürdig und glaubhaft ist. Viel zu viele schlechte Verkäufer haben »die halbe Welt« versprochen.

- Käufer sind skeptisch geworden
- Viele Verkäufer neigen zu Übertreibungen
- Negative Erfahrungen sind im Unterbewußtsein verankert
- Vertrauen muß erst verdient werden

*Aufdringlichkeit lohnt sich nicht*

Während meiner Einarbeitung mußte ich an mehreren Tagen allein arbeiten.

Eines Morgens besuchte ich den Kunden namens Kummer. Das erste Gespräch führte ich mit seiner Tochter, die mir sagte, daß ihr Vater keine Zeit habe. Ich erwiderte: »In Ihrem Sortiment fehlen einige Artikel, in denen ich heute gute Angebote machen kann, und wobei für Sie ein guter Gewinn herausspringt – richten Sie das bitte Ihrem Vater aus.«

Nach einiger Zeit kam Herr Kummer und sagte: »Sie haben einen guten Blick und ich überhaupt keine Zeit.« Ich merkte, daß hier etwas vorlag und machte mein Angebot, ohne aufdringlich zu sein. Der Kunde war überrascht und ich beschloß, ihn nicht zu drängen. Ohne noch einmal auf mein Angebot einzugehen, verabschiedete ich mich.

Nach ungefähr einer Stunde kam ich zum Kunden Schmidt. Er kam sofort auf mich zu und fragte: »Wenden Sie Ihre Verkaufstechnik und Ihr Auftreten bei Herrn Kummer auch bei mir an?« Ich erwiderte: »Warum nicht?« Dabei wäre ich am liebsten im Erdboden versunken. Herr Schmidt kam mir aber entgegen und sagte, daß sich Herr Kummer in einem zwischenzeitlichen Anruf positiv über mich geäußert hätte. Als Dank hinterließ er mir einen telefonischen Auftrag.

Im weiteren Gespräch erfuhr ich von Herrn Schmidt, daß sich acht Einzelhändler zu einer Einkaufsgemeinschaft zusammengeschlossen hatten, und er erteilte mir einen Gesamtauftrag.

Als ich mich verabschiedete, sagte er: »Sie sind mir immer willkommen.«

Ich bedankte mich und freute mich natürlich sehr über den Auftrag.

## Fragen und Aufgaben

1. Warum sind Kunden oft so skeptisch?

2. Was kann man alles tun, um Vertrauen und Glaubwürdigkeit zu gewinnen

3. Durchdenken Sie einige Beispiele aus Ihrer Praxis und Erfahrung.

4. Nennen Sie Gründe, warum auch Sie Glaubwürdigkeit für wichtig halten.

5. Lesen Sie: »Reden ohne Lampenfieber«, Übungen zur Redekunst. (Verlag Moderne Industrie, München)

## Zum Nachdenken

- Wer Kunden betrügt, betrügt sich selbst

- Wer mehr für seine Kunden tut als andere, verkauft auch mehr

- Wer untertreibt, der bleibt

- Ein Verkäufer, der sich in die Schuhe des anderen stellt, steht richtig

# STUFE 13

## BEDARF AUFZEIGEN
## VORTEILE NENNEN
## KAUFLUST WECKEN

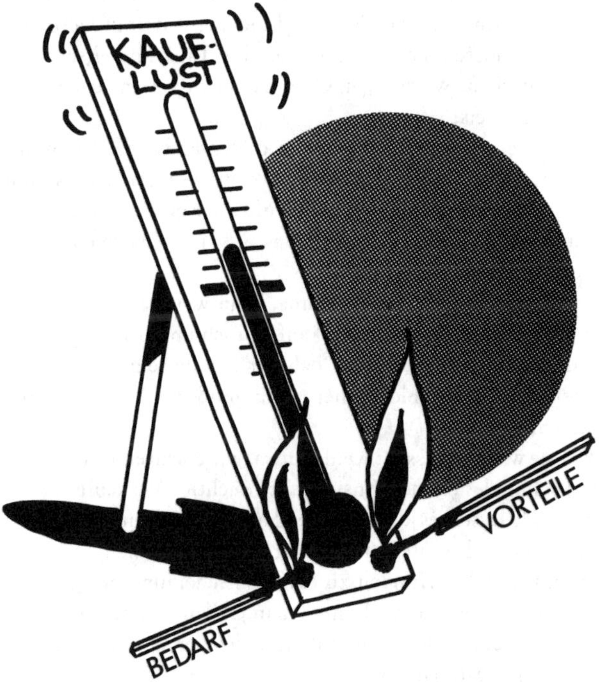

# Stufe Nummer 13
# Gezielte Wünsche wecken

## Einleitung

Keiner trennt sich gern von seinem Geld! Kaum einer trifft gern schnelle Entscheidungen! Niemand möchte gedrängt werden!

Deshalb müssen Sie als Verkäufer eine Tauschbereitschaft beim Kunden wecken. Ware gegen Geld zu einem vereinbarten und annehmbaren Preis!

Sie müssen nunmehr verstärkt in dieser Phase die Emotion ansprechen: – Das Herz, die Sinne, Freude, Genuß und Wonne in Erinnerung bringen im Zuge des »Duftes der großen, weiten Welt«, »erst mal entspannen, erst mal Picon«, »...und danach einen Dujardin!« usw. usw.

Verkaufen Sie Ideen und Träume, denn wer träumt, denkt nicht gern. Die meisten Produkte verkaufen doch im Grunde genommen Illusionen! Wenn Sie merken, daß der Kunde sein Kinn reibt, ein Zeichen der Unentschlossenheit, dann muß das Verkaufen richtig beginnen.

Was Sie wissen müssen: Kein Auftrag unterschreibt sich allein. Es bedarf schon des kleinen Anstoßes. Untüchtige Verkäufer geben zu schnell auf, lassen es dabei bewenden mit der Bemerkung: »Gut, dann komme ich später mal wieder vorbei.« Verkaufen bedeutet: Jetzt und hier den Kunden zu einer Entscheidung bringen. Dafür werden Sie bezahlt! Sonst könnte man ja dem Kunden den Auftrag per Post schicken. Der Kauf muß dringlich gemacht werden mit der »Jetzt-oder-nie-Einstellung«.

Wir erwähnten bereits am Anfang dieser Stufe, daß der Kunde sich ungern von seinem Geld trennt. Er muß von Ihnen die Gründe und Vorschläge hören, warum er kaufen sollte. Hier einige Techniken:

- Zeigen Sie auf, wie der Kunde durch den Kauf mehr Geld verdienen kann
- Nennen Sie zufriedene Kunden
- Sprechen Sie sein Prestige-Bedürfnis an
- Malen Sie Wortbilder
- Zeigen Sie ihm die Endresultate auf
- Nennen Sie alle Vorteile
- Geben Sie ihm die Ware in die Hand
- Lassen Sie ihn probieren
- Entkomplizieren Sie
- Nehmen Sie ihm die Angst vor der Entscheidung
- Loben Sie seine fortschrittliche Einstellung
- Loben Sie seine Ware
- Zeigen Sie schwarz auf weiß den Gewinn auf
- Überreichen Sie nochmals Prospekte
- Zeigen Sie andere Vorbilder
- Sprechen Sie von Anerkennung der Umwelt
- Denken Sie daran, Kunden wollen meist das, was schon verkauft ist
- Vermeiden Sie negative Formulierungen
- Operieren Sie mit Kombinationsangeboten

Ein bekannter Werbeberater und -Fotograf sagt: »Man muß Bedürfnisse wecken«.

Zeigen Sie die Ware und nehmen Sie sie dann wieder weg. Denken Sie immer daran, es sind oft die Nebensächlichkeiten, die entscheiden.

## Ausbildung und Training

1. Studieren Sie ab heute bewußt und zielgerecht Anzeigen in Illustrierten und Fachzeitungen, um aufzuspüren, wie gekonnt Meister der Werbung Kunden-Wünsche wecken.

2. Überlegen Sie, welche Vorteile Ihre Produkte bieten. ○

3. Überarbeiten Sie Ideen und Formulierungen und üben Sie diese auf Tonband, denn es ist nicht leicht, diese Technik gekonnt zu beherrschen, aber das Üben lohnt sich. ○

## Beispiele aus der Praxis

1. Ich sprach neulich mit Herrn Naumann, Inhaber der Firma Aufina in Wiesbaden, und er erzählte mir folgende Geschichte:

Wir haben ein sehr teures Haus an einen Griechen verkauft. Dieses Haus hatte eine orientalische Bauweise, und wir glaubten, dies sei der Grund, warum er es gekauft hatte. Durch Zufall erfuhren wir später, daß er mit einer Kanadierin verheiratet ist und sie im Garten einen Ahornbaum entdeckte. Sie war sehr entzückt darüber, weil ja das Ahornblatt bekanntlich ein kanadisches Symbol ist. Dies war also in Wirklichkeit der Grund, der hauptsächlich zur Entscheidung beitrug, das Haus zu kaufen.

2. Chummy Hirschmann aus Sunlife of Canada gehört zu den besten Versicherungsverkäufern, die ich kenne. Er sagt immer: »Man muß die Herzen ansprechen.« Beim Verkauf von Lebensversicherungen sagt er z. B. zu einem Vater:

»Herr X, wenn Sie einmal nicht mehr dasein sollten, und Sie hätten keine Lebensversicherung abgeschlossen, wer kauft dann Ihrer Tochter Susie an einem heißen, schwülen Tag ein Eiskrem zur Erfrischung?«

## Fragen und Aufgaben

1. Wünschen sich viele Kunden, Prestige-Artikel zu kaufen?

2. Nennen Sie einige Beispiele, wie man Bedürfnisse weckt.

3. Durchdenken Sie kurz, welche Wünsche sich mit Ihren Produkten erfüllen ließen.

## Zum Nachdenken

- Die erste Verkäuferin war eine Frau – Eva im Garten Eden!

- Walt Disney verdiente sein Geld durch Umwandlung seiner Ideen in Bilder. Gute Verkäufer und Redner tun es ebenfalls.

- Sonderangebote sind nicht unbedingt Gebote des Besonderen.

# STUFE 14

## ANGEBOTSVORSCHLAG MIT ALTERNATIVE RECHTZEITIG ANBIETEN

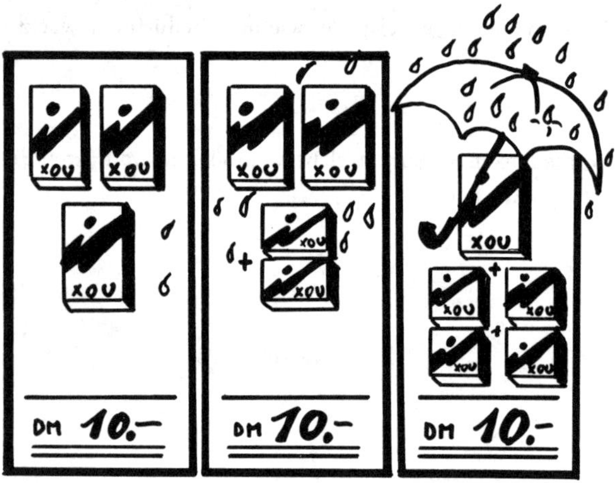


| | |
|---|---|
| AV | Angebotsvorschlag |
| AT | Alternative Nr. 1 |
| AT | Alternative Nr. 2 |

# Stufe Nummer 14 – Angebots-Vorschlag

## Einleitung

Ja, manche reden und reden, was leider häufig der Fall ist bei Verkäufern. Der Kunde ist interessiert, Sie merken es, wenn Sie etwas von der Körpersprache verstehen, aber Sie helfen dem Kunden nicht, dabei eine Entscheidung zu treffen. Oft hat er nicht genügend Ahnung oder nicht die richtige Einstellung von den in Frage kommenden Mengenverhältnissen. Helfen Sie ihm doch! »Darf es etwas mehr sein?«, oder: »Nehmen wir drei hiervon und drei davon?« – »Möchten Sie 10 Kartons oder glauben Sie, daß Sie mit 8 auskommen werden?«

Erzielen Sie eine Ja-Antwort. Haben Sie keine Angst, einen Angebots-Vorschlag zu unterbreiten! Auch ein Angebots-Vorschlag, sei er mündlich oder schriftlich, führt häufig zum Auftrag.

## Wie gehe ich vor?

- Niemals den Auftrag »zerreden«
- Anhand der Körpersprache frühzeitig beobachten, wann Sie Vorschläge unterbreiten sollten (Reden ohne Worte – Wolfgang Zielke)
- Die gute Alternativ-Methode verwenden
- Nicht fragen: »ob«, sondern »welches«
- Fragen: »Bevorzugen Sie Grün oder Blau?«
- »Wünschen Sie die Ware Anfang oder Ende der Woche zu erhalten?«
- Genau überlegen, in welcher Form der Angebots-Vorschlag unterbreitet werden sollte

- Schriftlich oder mündlich?
- Konkrete und definitive Aussagen machen
- Immer zuerst eine größere Menge anbieten, um somit den idealen Auftrag zu erreichen
- Dem Kunden stets das Gefühl geben, daß er richtig entschieden hat
- Niemals die Mitbewerber als Vergleichsobjekt nennen – es ist gefährlich

### Wichtige Kaufsignale (ob der Kunde abschlußreif ist)

Folgende Kaufsignale zeigen uns den Weg zum Abschluß:

- Wenn er seine Hände lockert
- Wenn sich die Muskeln entspannen, besonders an den Mundwinkeln und unter den Augen
- Wenn er nochmals das Auftragsformular zur Hand nimmt
- Wenn er durch Kopfnicken zustimmt
- Wenn er die Ware noch einmal zur Hand nimmt
- Wenn er sich klar und freundlich äußert
- Wenn er die Hände vom Rücken nach vorn nimmt
- Wenn er interessierte Fragen stellt
- Wenn er Liefertermine äußert
- Wenn er über Mindestbestellungen spricht
- Wenn er nach der Verpackung fragt
- Wenn er fragt, ob auch die Konkurrenz die Ware führt
- Wenn er sich nach der Berechnung erkundigt
- Wenn er über Rabatte und Zahlungsziele spricht

### Vorschläge unterbreiten

Leider versagen sehr viele Verkäufer in der Phase, ganz konkret zum Punkt zu kommen. Der Kunde ist durchaus interessiert und steht dicht vor einer Entscheidung, benötigt aber noch den letzten

»Schubs«. Warum sind manche Verkäufer hierin so inaktiv, schüchtern oder gar unbeholfen? Hier müssen Sie die Initiative ergreifen, das Gespräch an sich reißen und dem Kunden Vorschläge machen, sowie ihn langsam zum Abschluß führen: Dies oder das, grün oder blau, usw.

- Die optimale Menge anbieten
- »Machen Sie doch einmal einen Versuch«
- »Geben Sie doch erst einmal einen Probeauftrag«
- Verwenden Sie Alternativ-Vorschläge
- Sprechen Sie mit Mimik und Gestik
- Argumentieren Sie mit Papier und Bleistift
- Stellen Sie eine hohe Zahl in den Raum, und fragen Sie den Kunden, ob dies genügt
- Bringen Sie den Auftragsblock langsam auf den Tisch
- Vermeiden Sie es, das Preisgespräch zu früh zu beginnen
- Verwenden Sie die Strategie der Kombinationsangebote
- Stellen Sie gezielte Fragen

## Beispiel aus der Praxis

*Wer Mengen anbietet, verkauft auch mehr*

Diese Episode ereignete sich in einem der größten Verbrauchermärkte von Saarbrücken:

Herr Kühn, ein junger Verkäufer, sieht immer wie aus dem Ei gepellt aus. Das Gut-gekleidet-Sein ist, nebenbei gesagt, sein Hobby. Da er Junggeselle ist, kann er es sich auch leisten. Außerdem hat er einen Flair für Humor. Sein besonderes Talent ist die Fähigkeit, wie ein Vogel zu flöten. Die meisten Lagerarbeiter erkennen ihn schon an seinem Frühlingslied.

Er erzählte mir, daß er zu Beginn seiner Tätigkeit einen aus dem Rahmen fallenden Auftrag erhielt. Die Verhandlung ging um Haarspray. Der Einkäufer sagte: »Nun, welche Menge würden Sie für die Erstbestückung empfehlen?« Herr Kühn – er wußte später selbst nicht mehr, wie er dazu gekommen war, dem Kunden eine so hohe

Menge vorzuschlagen – sagte: »60 000 Stück.« Ohne mit der Wimper zu zucken, stimmte der Einkäufer zu. Mit zitternder Hand schrieb Herr Kühn den Auftrag aus und legte ihn zur Unterschrift vor. Danach verließ er das Geschäft so schnell wie möglich aus Angst, daß der Kunde den Auftrag nach nochmaliger Überlegung evtl. reduzieren würde.

## Ausbildung und Training

1. Versuchen Sie künftig, schneller Angebotsvorschläge zu unterbreiten als bisher, und Sie gewinnen dadurch Zeit.
2. Üben Sie sich in der Technik, die Ware auf den Tisch als Vergleichsobjekt zu legen: »Dies oder das?«
3. In manchen Berufen ist es wichtig, daß man den Kunden dahin bringt, daß er sich auf bestimmte Termine festlegt. Bilden Sie dafür gute Formulierungen.
4. Bei Technikern ist es wichtig, die Spezifikationen einzuschleusen für die Vergabe von Ausschreibungen
5. Lesen Sie »500 Verkäufer-Sünden« – Verlag Moderne Industrie.

## Fragen und Aufgaben

1. Was bedeutet eigentlich, einen Angebots-Vorschlag zu unterbreiten?
2. Nennen Sie einige Formulierungen, die man hierzu in Ihrer Branche verwenden kann
3. Warum können sich viele Menschen schlecht entscheiden?
4. Nennen Sie einige Produkt-Vorteile, die man generell aufzeigen könnte, z. B. Preise, Qualität
5. Wie handhaben Sie die Angebotsphase?

## Zum Nachdenken

- Sage dem anderen ganz klar, was du willst, sonst könntest du enttäuscht sein, wenn er anders entscheidet.
- Die besten Argumente liefern die Kunden oft selbst, schon deshalb lohnt es sich, zuzuhören.
- Visualisieren der Angebote ist eine Technik der guten Verkäufer.

# STUFE 15

## KAUFSIGNALE
## KONTROLLFRAGEN
## ZUSTIMMUNG ERZIELEN

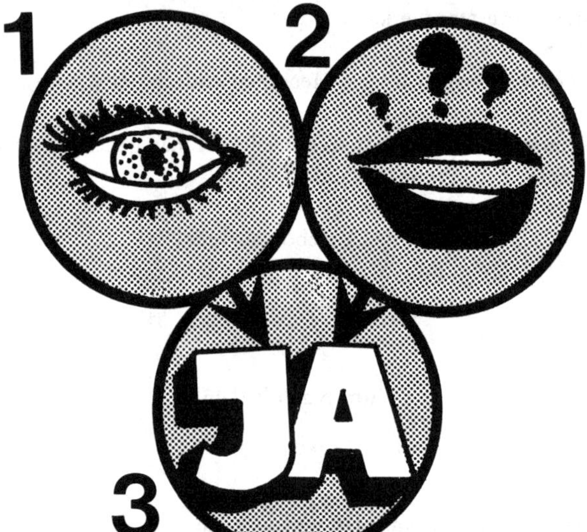


| | |
|---|---|
| 1 | Kaufsignale |
| 2 | Kontrollfragen |
| 3 | Zustimmung |

## Stufe Nummer 15 – Kaufsignale, Kontrollfragen und Zustimmung erzielen

### Einleitung

Je mehr sich der Kunde am Gespräch beteiligt, desto besser – das weiß jeder gute Verkäufer! In dieser Phase des Verkaufsgespräches besteht die Gefahr, daß Sie leicht das Stufengespräch auf dem Wege zum Auftrag zerreden können. Deshalb stellen Sie nun wieder unbedingt die Fragen! Sie müssen und wollen doch erfahren, was der Kunde wirklich denkt, denn dies ist schließlich bedeutsam für Ihre weitere Strategie.

Noch mehr Produkt-Vorteile nennen, oder schnellstens zum Abschluß kommen, oder gibt es noch einen subjektiven Einwand? Besser, Sie wissen es, als daß der Kunde es nur für sich denkt.

Und nun Kontrollfragen, um zunächst seine Zustimmung für nebensächliche Punkte zu gewinnen! Viele »Ja's« führen bekanntlich zum Auftrag.

Durch Kontrollfragen Zustimmung zu erzielen ist wichtig, denn wenn Sie zu schnell und zu plötzlich abschließen, könnten Sie den Kunden mißtrauisch machen und es könnte passieren, daß er dann »nein« sagt. – Aus diesem Grund sollten Sie deshalb langsam, aber zielsicher den Abschluß ansteuern.

### Beobachten Sie die »Körpersignale« des Kunden

- Worte sagen nicht alles, die zweite Sprache ist oft viel aufschlußreicher
- Die Wissenschaft der Gebärdensprache ist neu und nennt sich Kinetik, nach dem griechischen Wort für Bewegung. »Worte sind nur eine Möglichkeit des Sprechens«, sagt Professor Birdwistell.

### Redner Schauspieler, Parlamentarier und auch die Verkäufer müssen sich in der »zweiten Sprache« auskennen

- Das Nase-Reiben ist ein Zeichen der Ablehnung
- Sitzt ein Zuhörer zurückgelehnt und hat das Kinn in der Hand aufgestützt, so ist er meist skeptisch und kritisch
- Balanciert er vorgebeugt auf der Stuhlkante, so spricht dies für besondere Aufmerksamkeit und Zustimmung
- Verschränkt er die Hände vor dem Mund, so fällt es ihm schwer, zu schweigen
- Wer breitbeinig dasteht und die Daumen in die Achselhöhlen steckt, ist absolut sicher
- Die Richtung einer Gebärde ist besonders typisch. Wie ein Kreuz in verschiedene Richtungen weist, so können sich mit der Auf-, Ab- und Seitwärtsbewegung die verschiedenen Stimmungen äußern:
  a) der Hoffende blickt auf
  b) der Müde und Verzweifelte läßt den Kopf hängen
  c) der Pessimist schaut nach unten
- Die Bewegungen, die vom Körper wegführen, verraten aufrichtige und warmherzige Züge
- Gesten, die nach innen führen, deuten auf Hemmungen und eine einwärtsgekehrte Persönlichkeit hin

Es ist wichtig, daß wir den Kunden genau beobachten, um zu sehen, ob er abschlußreif ist. Stellen Sie inzwischen ruhig *»Temperatur-Kontrollfragen«*, um so die Abschlußreife zu prüfen.

Was soll man tun?

- Ermitteln Sie mit Hilfe Ihrer Kenntnisse in der Körpersprache, ob der Kunde schon abschlußreif ist
- Stellen Sie ihm auf das Produkt bezogene Fragen
- Beobachten Sie seine Mimik und Gestik

Genau wie man die Zimmertemperatur mißt, müssen Sie auch für die Prüfung der Abschlußreife die Temperatur des Kunden messen.

- Glauben Sie, daß Sie mit 5 Kartons vorerst auskommen?
- Über welchen Großhändler beziehen Sie die Ware?
- Wollen Sie die Belieferung über Ihren Großhändler, oder soll ich Ihnen die Ware gleich hier lassen?
- Ist die Sortierung so richtig, oder soll ich die Zahl der Großpakkungen erhöhen?
- Ich könnte die Ware hier sofort für Sie aufstellen und auszeichnen!
- Wieviel Ware haben Sie noch auf Lager?
- Möchten sie nicht Ihren Umschlag und den Gewinn durch eine Zweitplazierung erhöhen?
- Möchten Sie den Wagen in Dunkelblau oder wäre Ihnen ein helleres Blau lieber?
- Soll ich schon einmal die Einzelheiten notieren, entscheiden können Sie dann immer noch?
- Die meisten Aufträge gehen verloren, weil man den Aufrag nicht zum richtigen Zeitpunkt abschließt – entweder zu früh oder zu spät!
- Wenn alles nicht klappt, dann fragen Sie direkt, ob Sie einen Auftrag notieren können

## Beispiel aus der Praxis

*Wichtige Formulierungen*

Es kommt immer darauf an, wie man es sagt! Verkaufstechniken, Prinzipien und Methoden sind in viele Branchen transportierbar. Deshalb sollte der Verkäufer stets ein offenes Ohr für Formulierungen haben. Sicher haben Sie es an Tankstellen beispielsweise schon erlebt, wie unterschiedlich Sie angesprochen werden.

- »Wollen Sie tanken«? – Es bleibt dem Kunden überlassen, wie er antwortet.
- »Darf ich vollmachen?« – Eine Frage an den Kunden, die nur mit »Ja« oder »Nein« beantwortet werden kann.
- »Haben Sie genügend Öl?« – Der Kunde kann entweder »ja« sagen oder: »Ich weiß es nicht«. In letzterem Fall hat der Tankwart die Berechtigung, nachzusehen.
- »Stimmt Ihr Ölstand?« – Eine direkte Frage an den Kunden, die die Antwort vorwegnimmt; der Kunde weiß es nicht und wird unsicher. Der Tankwart schaut daraufhin nach.
- »Ihr Wagen hat viele Roststellen!« – Eine Suggestivformulierung. Besser als die Frage: »Brauchen Sie ein Rostschutzmittel?«

## Ausbildung und Training

1. Formulieren Sie Ihre Fragen geschickt, gezielt und unauffällig ○
2. Verwenden Sie die geschlossene Frage, die eine positive Antwort voraussetzt ○
3. Notieren Sie sich gute Formulierungen auch aus anderen Branchen, und untersuchen Sie ihre Verwendbarkeit ○
4. Wer Fragen stellt, führt das Gespräch, er lenkt und leitet den Gesprächspartner ○
5. Für kurze Formulierungen ist die Alternativ-Formulierung äußerst nützlich. ○

## Fragen und Antworten

1. Wie würden Sie eine Kontrollfrage definieren?
2. Welche Vorteile bringen Kontrollfragen?
   (Sie müssen quasi die »Kauftemperatur« des Kunden aufzeigen)
3. Nennen Sie einige Ihrer Formulierungen:
4. Was versteht man unter Kaufsignalen?
5. Bitte nennen Sie einige Kaufsignale!

## Zum Nachdenken

- Den Kunden beraten heißt eigentlich den eigenen Artikel oder die eigene Dienstleistung verkaufen zu wollen!
- Die Frage: »Wie würden Sie es machen?« bringt den Verhandlungspartner oft schneller zur Einsicht.
- Wer seine Stimme bei Nennung der Rabatte senkt, erhöht meistens den Auftrag.
- Es wird immer den Beruf des Verkäufers geben, denn die Menschen werden nie lernen, sich schnell zu entscheiden.
- Gib in kleineren Dingen nach, um die großen zu gewinnen.

# STUFE 16

## VERBALE ZUSAGE AUFTRAG UND UNTERSCHRIFT

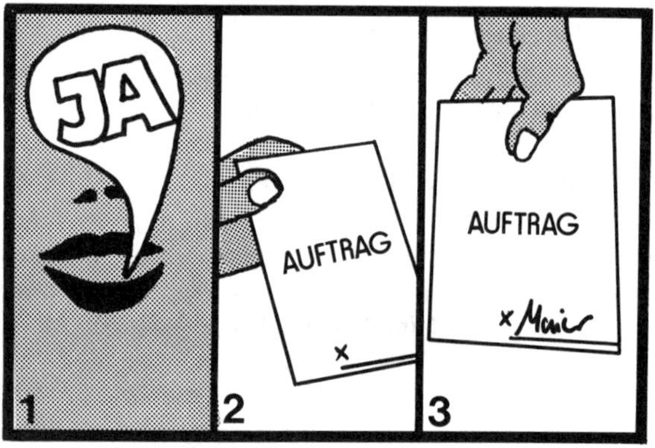


| | |
|---|---|
| **1** | **Zusage** |
| **2** | **Auftrag** |
| **3** | **Unterschrift** |

# Stufe Nummer 16 – Auftrag und Unterschrift

## Einleitung

Leider haben viele Verkäufer Angst vor dem Abschluß. Sie beherrschen es einfach nicht, den Kunden zu einer Entscheidung zu bringen. Obwohl er doch letztlich dafür von seinem Arbeitgeber bezahlt wird! Nicht für das Herumreisen, Herumstehen, Sichunterhalten, sondern für die Abschlüsse, Aufträge und dafür, daß die »Kasse klingelt«.

Es ist ein magischer Prozeß für den Könner. Am besten läuft es, wenn der Kunde gar nicht merkt, daß er gekauft hat. Er unterschreibt gern und beinahe unbewußt. Seien Sie deshalb immer konkret, und beginnen Sie am besten mit einem Angebots-Vorschlag, wie er vorhin beschrieben wurde. Es ist der Beginn für die Einleitung des Abschlusses.

Die vorherigen Phasen sind alle sehr wichtig, um stufenweise zum Auftrag und zur Unterschrift zu gelangen. Wenn Sie die Kupplung zu schnell herauslassen, beginnt Ihr Abschluß zu »stottern«. – Deshalb ist auch die Vorbereitung zum Auftrag äußerst wichtig!

- Arbeiten Sie zügig
- Machen Sie es dem Kunden leicht, zu unterschreiben
- Schreiben Sie Wesentliches zuerst auf
- Achten Sie auf genügend Durchschläge
- Der Auftrag muß schon, wenn möglich, vorbereitet sein
- Rabatte und sonstige Vergünstigungen hineinbringen und sie nicht vergessen
- Schreiben Sie möglichst in Blockschrift
- Schreiben Sie mit Kugelschreiber
- Stellen Sie einige unbedeutende Fragen während der Unterschrift
- Vermeiden Sie Dramatisierung

- Vermeiden Sie Gesprächspausen
- Machen Sie ein großes X, wo der Kunde unterzeichnen muß
- Nennen Sie die Bedingungen kurz und prägnant
- Vermeiden Sie, Unsicherheit zu zeigen
- Sagen Sie: »Ich lasse Ihnen eine Kopie da!«
- Lassen Sie den Kunden nicht weggehen
- Machen Sie keinen Fehler bei der Ausfüllung des Auftragsformulars
- Oberstes Gebot: Ruhe bewahren
- Deutlich den Wortlaut wiederholen
- Machen Sie das Unterschreiben leicht
- Verhandeln Sie möglichst dort, wo Ruhe und die Möglichkeit zum Unterschreiben besteht
- Beginnen Sie mit dem Artikel, von dem Sie wissen, daß Sie ihn am leichtesten verkaufen können
- Denken Sie immer: Gute Verkäufer helfen dem Kunden, eine Entscheidung zu treffen
- Verwenden Sie Humor und Schlagfertigkeit
- Handeln Sie so, als wäre der Kauf eine Selbstverständlichkeit
- Seien Sie fest und bestimmt beim Sprechen, zeigen Sie keine Unsicherheit

Weitere, wichtige Tips:

- So schnell wie möglich zum Ziel kommen
- Vermeiden Sie jetzt das »Zerreden«
- Langweilen Sie den Kunden nicht
- Unterbrechungen töten den Abschluß
- Den Höhepunkt erreicht man nicht zweimal
- Timing ist alles – gute Verkäufer haben ein Gefühl dafür, wann diese Phase kommt
- Nennen Sie eine höhere Kaufsumme, als Sie zu verkaufen beabsichtigen
- Der Kunde muß das Gefühl haben, daß er selbst entschieden hat

- Bieten Sie dem Kunden zwei Alternativen
- Fragen Sie nicht ob, sondern welches
- Achten Sie auf seine Vorlieben im Angebot

### Allgemeine Formulierungen

- Darf es etwas mehr sein?
- Nehmen Sie doch...
- An Ihrer Stelle würde ich...
- Nehmen Sie 6 oder...
- Nehmen Sie doch eine kleine Versuchsmenge
- Wir sprechen nicht von Qualität, wir bürgen dafür
- Ich kann Ihnen gerne Valuta geben
- Machen wir einmal einen Anfang?
- Versuchen wir es mit einem Teilauftrag...
- Nehmen Sie nicht 50 Kartons auf einmal, sondern jetzt 25 und später nochmals 25

### Haben Sie schon über rein technische Vorteile des Qualitätsverkaufs nachgedacht?

\+ Addieren Sie Vorteile – die zusätzlichen Werte, die der Käufer durch den etwas höheren Anschaffungspreis erhält.

– Ziehen Sie vom Preis die Enttäuschungen ab, die aus dem Kauf von minderwertiger Ware entstehen können. Sie überwiegen bei weitem die paar Mark, die der Kunde für Qualitätsware mehr zahlt.

: Dividieren Sie den etwas höheren Preis durch den längeren Nutzwert, den Ihr Kunde erhält, wenn er Qualitätsware kauft.

× Multiplizieren Sie die Zufriedenheit, die mit Qualität Hand in Hand geht – Zufriedenheit, die neue Kunden bringt und alte wiederkommen läßt.

(Quelle: unbekannt)

Eine Ware ist so billig oder so teuer, wie der Kunde sie einschätzt. Seine Einschätzung Ihrer Ware hängt ganz wesentlich von Ihrem Verkaufsgespräch ab.

*1. Die wertvolle Ware verkaufen.*

Der Kunde von heute will Qualität und greift deshalb doch lieber zu teurerer, oft wertvollerer Ware.

*2. Preis-Schock vermeiden.*

Zuerst den Wert der Ware für ihn so lebendig als möglich aufzeigen, um die Ware so für sein Bewußtsein »billiger« erscheinen zu lassen, erst danach vom Preis sprechen.

*3. Den Preis halten.*

Nachgeben im Preis verrät Schwäche und erzeugt mitunter sogar Mißtrauen.

*4. Den Preis psychologisch verbilligen.*

Durch direkte, optische Verbilligungen: Dabei möglichst unter der Barriere einer runden Zahl bleiben, den günstigeren Preis für das Haupterzeugnis (Nebenteile zunächst ausklammern) und bei Ratenkauf den Preis pro Zeiteinheit in den Vordergrund stellen. – Beziehen des Preises auf die kundenwichtige Menge, daher die einmalige Verbrauchsmenge oder die einmaligen Verbrauchs-Kosten (Berechnungsmethode ermitteln) – Durch zugkräftigen Preisvergleich mit anderen und möglichst alltäglichen Ausgaben des Kunden (Vergleichsmethode)

*5. Den Preis durch die Ganzheit des Angebotes niedriger erscheinen lassen.*

Hilfen sind die Herausstellung von Qualität und Nutzwert, Zuverlässigkeit und Lebensdauer, Garantie und Kundendienst, Formschönheit, Herstellernamen, Kundenberatung, Verpackung, günstige Lieferbedingungen, Lieferzeit, Abschreibmöglichkeit, Wiederverkaufswert, Geldersparnis, günstige Zahlungsmöglichkeiten und dergleichen mehr. – Alles das bekommt der Kunde zusätzlich zur Ware für sein Geld!

6. *Den Preis in der richtigen Form nennen.*
Den Kunden nicht den Nachteil der Ware, sondern die ganzen Vorteile der Ware erleben lassen!

## Verkaufen Sie vom Sortiment so viel als möglich

Wer nur verkauft, was man verlangt, dann kassiert, quittiert und sich bedankt, der macht es verkehrt!

Denn wer als Verkäufer anerkannt werden will, der muß schließlich auch verkaufen können. Auch das, was nicht so begehrt wird. Doch nicht auf Anhieb wird es gelingen, bei jedem alles anzubringen. Hier muß schon über ein gewisses Können verfügt werden, oder aber es muß »eintrainiert« werden.

## Ausbildung und Training

1. Üben Sie die Preis-Verhandlung im Rollenspiel. ○

2. Argumentieren Sie mit. Auftragsformulare auf den Tisch. ○

3. Sammeln Sie »Abschluß-Formulierungen«. ○

## Fragen und Aufgaben

1. Warum haben viele Verkäufer Angst, nach dem Auftrag zu fragen?
2. Nennen Sie einige Tips und Hinweise, wie man mit dem Auftrag hantiert.
3. Nennen Sie einige »Abschlußformulierungen« Ihrer Branche
4. Nennen Sie einige Abschlußformulierungen aus anderen Branchen

### Beispiel aus der Praxis

*Der Kunde, der auf dem Telefonmast saß*

(Abschlußtechnik ist wichtig)

Am frühen Morgen kam aus Richtung Frankfurt ein Opel-Admiral. Ihm entstieg Herr Sickerling, ein stattlicher Mann von 65 Jahren, begrüßte uns mit einem Lächeln und festem Händedruck. Für eine angebotene Tasse Tee hatte er keine Zeit. Er wollte statt dessen eine Liste potenter Kunden, die aber leider nicht zur Verfügung stand.

Noch heute sehe ich diesen Starverkäufer vor mir, wie er im Türrahmen stand und auf die Straße blickte. Sein Blick wanderte zu einem Telefonmast, auf dem ein Techniker der Post gerade dabei war, eine Telefonleitung zu reparieren.

Die scharfen Augen dieses Versicherungsvertreters hatten einen potentiellen Kunden gesichtet!

Mit sonorer Stimme rief er: »Sind Sie versichert?« Erstaunt antwortete der Fernmeldetechniker: »Nein«. – Mit einer einladenden

Handbewegung sagte der Versicherungsvertreter: »Kommen Sie doch bitte mal kurz herunter«. Etwas zögernd folgte der Mann dieser Aufforderung. Mit väterlichem Blick fragte Herr Sickerling, ob er gesund sei. Unser Fernmeldetechniker bejahte die Frage.

»Keine organischen Störungen, junger Mann?«

»Nein.«

»Sind Sie sicher, daß Sie wirklich gesund sind?«

Ich glaube, der junge Mann zweifelte nach der ganzen Fragerei tatsächlich an seiner Gesundheit!

Mit sachlicher Stimme sagte Herr Sickerling weiter: »Wir können nur Leute versichern, die gesund sind.« Und danach: »Sie können doch sicher DM 100,– pro Monat sparen, nicht wahr?«

Der Fernmeldetechniker meinte, daß diese Summe doch etwas hoch sei. Worauf Herr Sickerling wie aus der Pistole geschossen sagte: »Aber auf jeden Fall DM 60,– pro Monat?« Hier erhielt er eine Zusage.

»Na gut, wir werden Sie versichern, wenn Sie gesund sind.«

Er nahm ein Formular aus der Tasche, zückte seinen Kugelschreiber, fragte nach dem Namen und begann zu schreiben. Bald war das Formular ausgefüllt und der junge Mann unterschrieb ohne Zögern dort, wo ein großes X vorgezeichnet war.

»Wollen Sie mir die erste Rate zusenden oder heute schon mitgeben?« fuhr der Verkäufer fort.

Ich dachte, Herr Sickerling würde uns auf Grund seines Erfolges stolz anblicken, doch nichts dergleichen geschah. Statt dessen fragte er den Neuversicherten, ob er noch einige Kollegen bei der Post habe. Eine solche Frage konnte nur mit »ja« beantwortet werden. »Dann können wir doch einmal anrufen und die Herren zu einem Bier ins Europa-Hotel einladen!«

Der Techniker tat, wie befohlen, als er die Zusage erhielt, daß er bei einem erfolgreichen Abschluß eine Provision erhalten würde.

In zwei Tagen hatte der Versicherungsvertreter zehn Abschlüsse getätigt – eine phänomenale Erfolgsquote im Lebensversicherungsgeschäft.

Mehrere profitierten vom Geschäft: die Versicherten durch die

Risikoabdeckung, der Vermittler, Herr Sickerling und wir mit der Agenturprovision. Nicht umsonst sagt der Volksmund: »das Geld liegt auf der Straße«, und wir sehen, sogar auf dem Telefonmast sitzen Kunden!

## Zum Nachdenken

- Nicht argumentieren, sondern überzeugen!
- Viele Menschen hören nur zu, um Ihre Meinung nicht äußern zu müssen.
- Die meisten geben nicht nach dem Start auf, sondern kurz vor dem Ziel.
- Kurz vor einer Fußball-Übertragung am Nachmittag sind die Verkaufsgespräche bei den letzten Kunden meistens kurz.
- Versuchen Sie immer, die Kunden in Ja-Stimmung zu bekommen.
- Das Telefon ist Freund und Feind zugleich für den Verkäufer.
- Sie können durch das Telefon Zeit gewinnen oder verlieren; insbesondere dann, wenn es gerade vor dem Abschluß des Vertrages klingelt.

# STUFE 17

## SERVICE
## KUNDENBETREUUNG
## UND HILFESTELLUNG

| | |
|---|---|
| 1 | Serviceleistung |
| 2 | Kundenbetreuung |
| 3 | Hilfestellung |

# Stufe Nummer 17
# Service und Merchandising-Arbeit

## Einleitung

Der »schnelle Verkäufer« wird immer seltener. Die Zukunft liegt im Bereich der Partnerschaft: Betreuung, Beratung und Unterstützung im Abverkauf. Die Produkte werden immer komplizierter, die Absatz-Chancen immer schwieriger.

Nur der, der bereit ist, viele kleine Extras für seine Kunden zu tun, wird langfristig im Geschäft bleiben. Die Zeit, die Sie für persönliche Hilfestellungen und Mitarbeit investieren, zahlt sich immer aus, zumeist nicht sofort, aber irgendwann einmal bestimmt. Oft dann, wenn Sie es gar nicht mehr erwarten. Die Möglichkeit, helfen zu können, macht unsere Arbeit und unser Tun liebenswerter, verschafft uns persönlich Freude und die Hoffnung, auch morgen noch im Verkaufsgeschäft »in« zu sein. Es kostet Zeit, aber sie macht sich mit der Zeit bezahlt!

Die Produkte werden sich immer ähnlicher und qualitativ gleicher, deshalb müssen wir im Verkauf immer neue Wege gehen, um uns von der Konkurrenz abzuheben und zu differenzieren.

- Wer anderen hilft, hat nie umsonst gearbeitet
- Durch Ihre Hilfe werden Ihre Aussagen zu Realitäten
- Mühe macht sich bezahlt und bindet die Kunden

### Allgemeine Service-Leistungen

- Ideen weitergeben
- Mitarbeiten und an den Kunden denken
- Gefälligkeiten erweisen
- Unterstützung beim Kundengespräch
- Eigene Fähigkeiten oder Kenntnisse einsetzen
- Gelieferte Ware selbst auspacken
- Display aufstellen
- Maschinen anlaufen lassen
- Geschenke hinterlassen
- Kunden ermutigen
- Lob und Anerkennung aussprechen
- Kundendienst-Betreuung durchführen
- Technische Einrichtungen erklären
- Den Kunden nicht alleine lassen
- Adresse und Anschrift (Telefon-Nummer) hinterlassen, so daß der Kunde Sie jederzeit erreichen kann

### Merchandising im Handel

- Ware hereinbringen
- Ware auspacken
- Ware mit Preis auszeichnen
- Plazierung im Regal
- Plakate beschriften und anbringen
- Verbraucheransprache beachten

### Ein Vier-Punkte-Programm

- Zusammengehöriges nicht auseinanderreißen
- Alle Artikel, die zu einer Produkt-Familie gehören, zusammenstellen

- Einzelmarken nicht trennen
- Pakete ein und derselben Verpackungsgröße zusammen auf eine Regalfläche stellen.

## Aufstellfläche der Absatzhäufigkeit zumessen, insbesondere den Umsatzanteil der verschiedenen Produkt-Familien zugrunde legen

- Möglichst vertikale Anordnung
- Eine Marke senkrecht als Einheit auf mehreren Regalflächen untereinander aufstellen
- Packungsgrößen mit dem besten Nutzen auf die guten Plätze
- Die größeren Pakete, die den besten Nutzen bringen, sollten auch auf die besten Plätze in Augen- und Griffhöhe gestellt werden.

## Einige Display-Methoden

- Stapel-Methode
- Die Aufstellung im Gang
- Verwendung von SB-Körben
- Gemeinschaftswerbung ausnutzen
- Sonderaktionen

## Wichtige Gesichtspunkte für Display- und Materialaufstellung

- Kundenstrom beachten
- Nähe der Fleischabteilung, Sonderausstellung bevorzugen
- Freistehende Displays in der Nähe der Ausgangskassen aufstellen

## Wichtige Fakten bei Sonderangeboten

- Klare Aussage über Preisgünstigkeit der Ware
- Echte Vorteile aufzeichnen
- Nicht zu viele Sonderangebote
- Billiger sein als die Konkurrenz
- Höchstens 2 Artikel in einer Warengruppe
- Sonderangebote müssen befristet sein
- Massive Herausstellung
- Zeitungsinserate aufgeben
- Richtige Plazierung im Geschäft ist wichtig
- Wartezonen vor der Kasse beachten
- Auf Jahreszeit abstimmen
- Schlechte Qualität beeinträchtigt das Gesamtbild des Geschäftes
- Erfolgs- und Ertragskontrolle ist wichtig
- Klarheit und Wahrheit sollten das erste Gebot sein

## Was finden Kunden im SB-Geschäft vorteilhaft?

- 19% große Auswahl
- 17% ständiges Vorhandensein der neuesten Artikel
- 14% bessere Parkmöglichkeit
- 12% Vorführbereitschaft aller Artikel
- 11% größere Vergleichsmöglichkeiten
- 11% lockeres Kundenverhältnis – kein Kaufzwang
- 8% billigere Einkaufsmöglichkeit
- 8% sonstige Gründe

## Was finden Kunden in den kleinen Geschäften vorteilhaft?

- 27% fachmännische Beratung
- 18% aufmerksamere Bedienung
- 14% persönliches Kundenverhältnis

- 7% Spezialisierung auf weniger Artikel
- 6% anstandslose Rücknahme der Ware
- 6% leichtere und raschere Abwicklung beim Umtausch
- 5% kein langes Suchen
- 4% größeres Fachwissen
- 3% kein Aufdrängen von Ersatzartikeln
- 3% Aufrichtigkeit des Inhabers
- 7% sonstige Gründe

## Eine wichtige Merchandising-Regel

- Dafür Sorge tragen, daß die Ware erstens am richtigen Ort, zweitens in der richtigen Größe, drittens in der richtigen Packung, viertens zum richtigen Preis bereitgestellt wird.
  Bedenken Sie immer, mit der Merchandising-Arbeit heute, sichern Sie Ihren Auftrag für morgen!

  *Zitat:*
  »Nur wer seinem Kunden mehr als ausschließlich Ware bringt, wird mehr Ware verkaufen!«

## Was ist Merchandising?

Es gilt möglichst viel Ware möglichst schnell und mit den geringsten Kosten abzusetzen, um den größtmöglichen Gewinn zu erzielen.

Die Zahl der Artikel wächst, deshalb muß heute jeder Quadratmeter optimal genützt werden.

Das Personal in den Geschäften wird immer knapper. In den USA besteht es schon zu 46% aus Teilzeit-Beschäftigten. Deshalb muß hier die Industrie helfen.

Der Kapitaleinsatz ist heute erheblich größer, deshalb der Hang zu »Schnelldrehern«. Wichtige Faktoren sind:

- Gewinn
- Kapital
- Regalplatz
- Umschlag

Ideen müssen eingesetzt werden, um die Ware möglichst schnell und gewinnbringend umzusetzen.

## Der Verkäufer muß folgendes können:

- Verkaufsaktive Ware – gute Plazierung vorschlagen und vornehmen
- Tips geben, wie die Ware schneller umschlägt
- Umsatzsteigerungen durch Einsatz von einfachen Mitteln erreichen
- Eine echte Partnerschaft herstellen zwischen Industrie und Handel

## Ausbildung und Training

Überlegen Sie nach jedem Kauf, inwieweit Sie dem Kunden durch Service-Leistungen auf dem technischen Bereich, als Verkäufer im Einzelhandel oder als Verkäufer im Außendienst behilflich sein können!

1. Versetzen Sie sich in die Lage des Kunden. Wird er mit der neuen Ware umgehen können?
2. Was können wir tun, um ihm zu helfen, die Ware besser zu verkaufen?
3. Welche Bedenken hat der Endverbraucher bei der Verwendung dieses Produktes?
4. Welche Tips und Hinweise kann ich dem Kunden geben?
5. Durchdenken Sie diese häufiger, und machen Sie auch eine Auflistung auf Karteikarten. Ergänzen Sie diese von Zeit zu Zeit.

## Fragen und Aufgaben

1. Wie würden Sie »Service-Arbeit« definieren?

2. Nennen Sie einige Möglichkeiten, dem Kunden wirklich zu helfen (Problemlösungen anbieten)

3. Nennen Sie einige zweckmäßige und preiswerte Kundengeschenke

4. Was halten Sie von Informationen für den Kunden?

5. Was bedeutet »Merchandising-Arbeit«?

### Beispiele aus der Praxis

1. Viele SB-Geschäfte und Verbrauchermärkte wollen nur ungern Display-Schütten aufstellen, dies muß meistens erst verkauft werden.

Ein cleverer Verkäufer wollte einmal darstellen, daß sein Display-Aufsteller wenig Platz im Geschäft beansprucht und tat dies folgendermaßen:

Er nahm ein DIN-A-4-Blatt Papier in die Hand und sagte: »So groß ist das Display-Stück« und ließ das Blatt auf den Boden fallen. »Sehen Sie, wie wenig Platz das Display wegnimmt, nicht wahr? Sollen wir drei solcher Displays hereinbringen, oder glauben Sie, daß eines genügen wird?« – »Ja, bringen Sie dann eines herein«.

*2. Sie sitzen mit dem Kunden in einem Boot*

Eine medizinische Zahnpasta wurde jahrelang ausschließlich im Fachhandel verkauft. Nachdem die Vertriebsbindung jedoch aufgehoben wurde und der Artikel auch im Lebensmittelhandel erhältlich war, waren die Drogisten den Reisenden gegenüber sehr negativ eingestellt. Es war sehr schwierig, eine treffende Argumentation für den Fachhandel zu entwickeln. Nach längerem Überlegen kam ein Verkäufer zu folgender Taktik:

»Herr X, glauben Sie mir, ich hatte schon mehrere Angebote von bedeutenden Markenartikel-Firmen, ihre Artikel ausschließlich im Lebensmittelhandel zu verkaufen, aber ich habe mich entschlossen, dem Fachhandel treu zu bleiben. Sie kämpfen doch auch weiter und würden Ihr Geschäft nicht aufgeben. Deshalb müssen wir gemeinsam überlegen, wie wir künftig vorgehen werden.

Mein Tip ist, die Ware in Form von Massivdisplays besonders herauszustellen, denn 70% aller Kaufentscheidungen werden am Ort des Kaufes vorgenommen. Ich baue für Sie die Ware schnell auf und beschrifte ein entsprechendes Plakat.«

# STUFE 18

## DANK
## NEUER TERMIN UND
## VERABSCHIEDUNG

# Stufe Nummer 18
# Gekonnte Verabschiedung

## Einleitung

Der elegante Abgang ist sehr wichtig für heute und morgen! Viele stehen irgendwie verlegen herum, und beide schauen sich nichtssagend an.

Dies braucht und darf nicht sein!

Wie oft schon hat ein Kunde plötzlich noch peinliche Fragen gestellt, dann gezögert und es sich schließlich doch noch anders überlegt.

Oder ein Dritter ist überraschend dazugekommen und war anderer Meinung.

Manche Verkäufer bedanken sich übergebührlich, was den Kunden dann leicht mißtrauisch und skeptisch macht.

Sie sehen schon, eine gar nicht so einfache Phase! Aber auch sie kann man analysieren, studieren und – gewinnen.

## Was muß man beachten?

- Kein Mißtrauen aufkommen lassen
- Alle Versprechungen einhalten
- Bevor Sie gehen, noch einen Rundumblick tätigen
- Alles einpacken: Kartei, Musterbuch etc.
- Sich freundlich bedanken
- Kurz versichern, daß der Kauf richtig war
- Humor kann auch hier nicht schaden
- Freundlichkeit ausstrahlen
- Niemals die eigene Enttäuschung zeigen

- Kleine Tips und Hinweise hinterlassen
- Nicht vergessen, den Auftragsbeeinflussern auf Wiedersehen zu sagen
- Kurzes Abschlußgespräch mit anderen
- Auf den nächsten Besuch hinweisen
- Wenn möglich, jetzt schon einen Termin nennen
- Visitenkarte und Telefonnummer hinterlassen

## Einige Formulierungen, die Sie verwenden können:

- Sie haben gut gekauft!
- Auf Wiedersehen und alles Gute für Sie!
- Bis zum nächsten Mal in vier Wochen!

## Papier mit Datum wirkt

In der Praxis hat es sich schon so manches Mal erwiesen, wie wichtig es ist, mit Papier und Bleistift beim Kunden zu argumentieren. Wenn Sie Ihre Vorschläge, Hinweise etc. auf solche Bögen schreiben und mit Datum und Unterschrift versehen, zeigt die Erfahrung, daß viele Kunden diese Blätter nicht wegwerfen. Sie bleiben somit in Erinnerung. – Wenn Sie bei einem Kunden so gar nicht recht vorankommen, dann überlegen Sie sich doch, ob hier nicht ein klärendes Gespräch mit dem Kunden nützlich wäre. Fragen Sie ihn doch einfach, oder bitten Sie um seine Hilfe und seinen Rat. Z. B.: »Sie empfangen doch viele Verkäufer und haben einen sehr guten Überblick. Ich möchte sehr gerne in meinem Beruf weiterkommen und hätte gerne Ihren Rat, was ich beim Verkaufen besser machen könnte. Sie würden mir einen sehr großen Gefallen tun, und mir sehr behilflich sein.«

Sehr oft tauen Einkäufer schnell auf, wenn sie um Rat oder Hilfe gebeten werden. Außerdem lernen auch Sie dadurch manche neue Erkenntnis.

## Der Abverkauf ist wichtig

Wenn Sie an den Fachhandel verkaufen, dann ist es recht nützlich, wenn Sie auch einige Zeit verwenden, kurze Tips und Hinweise für das Abverkaufs-Personal zu hinterlassen. Ermutigen Sie, motivieren Sie ihre stillen Helfer im Abverkauf. Hilfe und Freundlichkeit hat sich immer bezahlt gemacht.

## Ausbildung und Training

1. Die Verabschiedung: »Auf Wiedersehen und alles Gute für Sie« ist kurz, prägnant und nützlich, üben Sie diese! ○
2. Überlegen Sie weitere Formulierungen, die Sie verwenden könnten. ○
3. Üben Sie in Seminaren mit Video die elegante Verabschiedung. ○

---

### Fragen und Aufgaben

1. Was machen hier viele Verkäufer falsch?

2. Es gibt ja viele »Auftragsbeeinflusser« im Verkauf. Nennen Sie bitte einige (z. B. der Gabelstapler-Fahrer im Lager)

3. Nennen Sie einige Fehler, die Verkäufer bei der Verabschiedung machen.

4. Entwickeln Sie Ideen und Hinweise für die Praxis

---

# STUFE 19

## SELBSTKONTROLLE
## ERMUTIGUNG
## ANSPORN

## Stufe Nummer 19
## Selbstkontrolle durchführen

### Einleitung

Toll – ein Auftrag! – Nun nur schnell zum nächsten Kunden!

Oder:

So ein Mist – wieder kein Auftrag!

Lieber Verkäufer, nicht so schnell, erst überlegen, dann handeln. Dies ist das beste Training für Sie. Man lernt aus Erfahrung, und aus Erfahrung wird man klug. Seien Sie nicht unklug. Setzen Sie sich einmal kurz ins Auto und beantworten Sie sich folgende Fragen, bevor Sie zum nächsten Kunden fahren:

- Warum hat der Kunde gekauft?
- Warum hat der Kunde nicht gekauft?
- Habe ich vielleicht den Kunden nicht zu Wort kommen lassen?
- Habe ich keine Neugierde geweckt, oder ist es mir nicht gelungen, Glaubwürdigkeit zu gewinnen?
- Machen Sie Notizen auf der Karteikarte, Hinweise und Kommentare beispielsweise, Versprechungen etc.

Es lohnt sich immer, nachzudenken, zu planen und zu notieren. Durch die Erfahrung wird man – wie gesagt – klug und durch Selbstbeobachtung ein besserer Verkäufer.

### Allgemeine Hinweise

- Eine Zigarettenpause zum Nachdenken:
- Was habe ich gut, was falsch gemacht?
- Was hätte ich besser machen können?

- Welche schlechten Formulierungen habe ich verwendet?
- Welche guten Formulierungen habe ich verwendet?
- Welches war der ausschlaggebende Faktor für die Entscheidung?

### Wichtige Notizen:

- Welche Versprechungen?
- Welche Beobachtungen?
- Welche neuen Erkenntnisse?
- Welche Einkaufs-Beeinflusser habe ich entdeckt?
- Welche Zukunftspläne hat der Kunde?
- Welche Haupteinwände hat er gebracht?
- Welchen neuen »Köder« könnte ich verwenden?
- Welche Informationen benötigt der Kunde noch?
- Was könnte ich ihm nächstes Mal mitbringen?
- Womit könnte ich ihm eine kleine Freude bereiten?
- Was waren die entscheidenden Kaufwiderstände?

### Persönliche Analyse

- War ich in Form?
- Wie ist meine Erscheinung?
- Wie ist es mit meiner Ausstrahlung?
- War ich optimistisch?
- War ich dynamisch?
- Welche Leuchtturm-Phasen habe ich gut, welche schlecht durchgeführt (18 Stufen)?
- War ich richtig vorbereitet?
- Konnte ich dem Kunden die Vorteile meines Angebotes klarmachen?
- War meine Argumentation den Einwänden angepaßt?
- Hatten meine Argumente Beweiskraft?

- Habe ich optische Hilfsmittel in genügendem Maße eingesetzt?
- War es ein Gespräch mit einer echten Beteiligung des Kunden?
- Habe ich zu schnell aufgegeben?
- Habe ich die echten Gründe der Ablehnung erfahren?
- Was würde ich anders machen, wenn ich das Gespräch noch einmal führen müßte?

Folgendes Beispiel verdeutlicht, wie wichtig Selbstkontrolle ist, auch wenn Sie glauben, zu den Spitzenverkäufern zu Zählen!

## Beispiele aus der Praxis

*1. Der beste Verkäufer wird als unfähig entlassen*

Die National Mutual Life Assurance Company mit mehreren Zweigniederlassungen in Südafrika ist eine australische Versicherungsgesellschaft. Der Verkaufsdirektor, Bob Foss, ein persönlicher Freund von mir, erzählte folgende Geschichte:

Der Hauptgeschäftsführer aus Sydney besuchte die Niederlassungen in Südafrika. Stolz wurde ihm von den Erfolgen eines Verkäufers aus Kapstadt berichtet, der mit seinen Umsatzzahlen an der Spitze lag. Der Hauptgeschäftsführer sah sich mit ruhigem Blick die Verkaufszahlen an und fragte dann nach der Aufstellung über die Verfallquote, aus der hervorging, wieviele Kunden ihre Versicherung nach einigen Monaten nicht weiterbezahlten. Es stellte sich heraus, daß dieser Verkäufer, der die höchsten Umsätze brachte, gleichermaßen viele Kunden hatte, die wieder absprangen. Der Hauptgeschäftsführer sagte kurzentschlossen: »Bitte entlassen Sie diesen tüchtigen Verkäufer sofort!«

Der Direktor war zuerst schockiert, sah dann aber ein, daß nur die beständigen Geschäfte zählen.

Hochdruckverkäufer verursachen hohe Administrationskosten, und eine Firma kann durch sie sehr schnell ihr Image verlieren.

*2. Viktor Borg registriert seine Erfolge*

Der bekannte, jetzt in Amerika lebende dänische Pianist Viktor Borg ist durch seine humoristischen Vorträge weltberühmt geworden. – Eines Tages entdeckte er, daß sein Publikum spontan über seine zufälligen Bemerkungen und Kommentare beim Klavierspielen lachte. Er kam zu dem Schluß, daß er diese Technik häufiger anwenden müsse, da das Publikum offensichtlich an seinen Bemerkungen Gefallen fand.

Viktor Borg ließ nun die durch Zufall entstandenen Kommentare und Bemerkungen, die ein Lachen hervorriefen, hinter der Bühne von einer Stenotypistin notieren. Durch diese Sammlung von Gags konnte er seinen Stil entwickeln und wurde damit ein weltberühmter Klavier-Kabarettist.

(Quelle: 100 Tips für Verkäufer von Peter Ebeling, Verlag Moderne Industrie, München)

Wie wäre es, wenn Sie auch Ihre guten Methoden, Gags und Erfolge schriftlich festhielten?

Die Analyse, Selbstkontrolle und Sammlung neuer Erfahrungen sind alle sehr wichtig, um weiterzukommen auf dem Weg zum Erfolg.

## Ausbildung und Training

1. Legen Sie sich ein Buch an mit dem Titel: »Was habe ich heute gelernt?« ○
2. Machen Sie, wenn möglich, täglich Notizen in dieses Buch ○
3. Studieren Sie diese Notizen einmal monatlich gründlich, und erstellen Sie dann danach neue Aktionspläne ○

**Formular 20-Stufen-Verkäufer-Selbstkontrolle nach dem Kundenbesuch***

1. War mein Ziel klar durchdacht?
2. Hatte ich Erfolgswillen und Selbstmotivation?
3. Welche Fähigkeiten und Kenntnisse fehlten mir?
4. Hatte ich die Ist/Soll-Planung genügend durchdacht?
5. War meine Kunden-Vorinformation genügend?

6. Gelang es mir, Takt und Sympathie zu gewinnen?
7. Habe ich gekonnt neue Überraschungen und Neugierde geweckt?
8. Kannte ich die Haupt-Präsentationsfakten?
9. Habe ich den Kundennutzen genügend herausgestellt?
10. Habe ich genügend Fragen gestellt und richtig zugehört?

11. Gelang es mir, die Einwände genügend zu entkräften?
12. Habe ich Vertrauen und Glaubwürdigkeit gewonnen?
13. Konnte ich gezielte Wünsche und Vorstellungen wecken?
14. Habe ich frühzeitig genug Angebotsvorschläge unterbreitet?
15. Habe ich mehrere Kontrollfragen gestellt und Zustimmung erzielt?
16. Wie war meine Abschluß-Technik – Auftrag und Unterschrift?
17. Welche Service- und Merchandising-Arbeit habe ich geleistet?
18. Wie war meine Verabschiedung?
19. Habe ich mein Verkaufsgespräch und die Verhandung kontrolliert?
20. Welche neuen Ziele, Ideen und Besprechungen muß ich berücksichtigen?

## Fragen und Aufgaben

1. Nennen Sie mehrere Fragen, die sich ein Verkäufer nach der Verhandlung stellen sollte.

2. Was sollte man alles nach einem Gespräch notieren?

3. Wie kann man sich selbst besser beobachten und kontrollieren?

## Zum Nachdenken

- Zeit ist noch wichtiger als Geld; Geld kann man vermehren, Zeit aber nicht.

- Wenn die Umsätze nicht steigen, sagen manche Verkäufer, daß die Konkurrenz eben eine bessere Werbung mache – die Verkäufer der Konkurrenz sprechen ebenso. – Nur harte Arbeit bringt den Erfolg.

- Vorurteil – Wenn Sie mit einem Finger auf einen Menschen zeigen, zeigen drei auf Sie wieder zurück.

# STUFE 20

## NEUE ZIELE FESTLEGEN

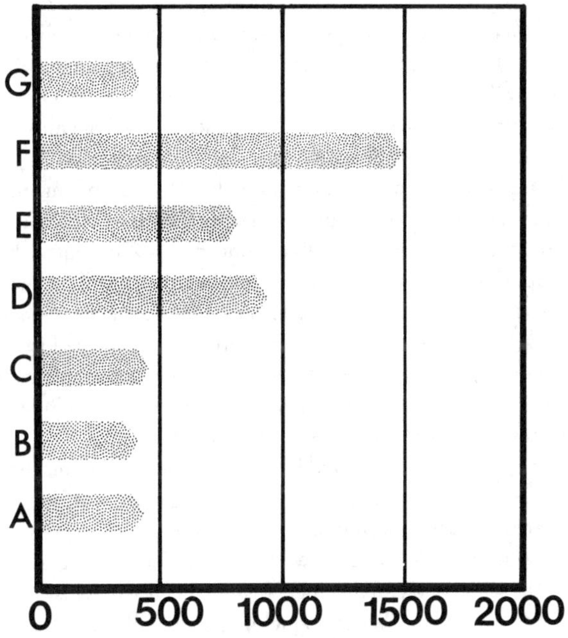

## Stufe Nummer 20 – Neue Ziele festlegen

### Einleitung

*Erfolg bedeutet,* die Fähigkeit zu besitzen, nach einer Niederlage noch einmal aufstehen zu können. – Und wie zu Beginn des Buches bereits erwähnt: »Wenn Sie genau wissen, wohin Sie wollen, wird die Welt zur Seite gehen und Sie vorbeilassen!« Auch Sie müssen genau wissen, wohin Ihr Weg gehen soll.

Lohnt es sich, diesen Kunden zu besuchen? Sollte ich ihm wirklich mehr Zeit schenken? – Diese und so viele Fragen sollten Sie sich stellen und danach Ihre weiteren Pläne und neuen Ziele entwickeln.

Die Spezialisten im Verkauf müssen heute ausgebildet werden. Nur so ist für jede Firma der Bestand einer auch morgen noch schlagkräftigen Außendienst-Mannschaft möglich. Keine Firma, die auf ein gutes Image Wert legt, kommt deshalb ohne systematisches Verkaufstraining aus. Erst durch das Training wird die einheitliche Ausrichtung des Außendienstes gewährleistet.

Setzen Sie sich nun ruhig und bequem in einen Sessel, machen Sie Ihre Augen zu und denken Sie 10 Minuten lang nach, was Sie an Ihrer Arbeit besser machen könnten.

*Bitte bedenken Sie immer:* »Wenn du eine Stunde lang glücklich sein willst, schlafe. Wenn du einen Tag glücklich sein willst, gehe fischen. Wenn du eine Woche glücklich sein willst, schlachte ein Schwein und erzähle es. Wenn du ein Jahr glücklich sein willst, habe ein Vermögen. Wenn du ein Leben lang glücklich sein willst, liebe deine Arbeit!«

Chinesische Weisheit.

## Beispiel aus der Praxis

*»Wo ist Ihr Vorgänger, der Herr Meier?«*

Jeder Reisende übernimmt einen neuen Bezirk mit Unbehagen, denn er muß nun in mühseliger Kleinarbeit den so wichtigen Kundenkontakt schaffen, bevor er nennenswerte Erfolge erzielen wird.

In einem Fall hörte ein Reisender in einem kürzlich übernommenen Bezirk immer wieder die Frage: »Sagen Sie mal, wo ist denn eigentlich Ihr Vorgänger, der Herr Meier?«

Da sich diese Frage sehr oft wiederholte, entschloß sich der Reisende, ihr einmal auf den Grund zu gehen.

Er sprach einen Kunden darauf an und erhielt folgende Antwort:

»O ja, Herr Meier war ein hervorragender Verkäufer. Er stellte die Interessen seiner Kunden immer in den Vordergrund und suchte ständig nach Mitteln und Wegen, seinen Kunden zu helfen, ihren Umsatz zu erhöhen. Beispielsweise brachte er oft neue Ideen und Vorschläge. Er hatte Zeitungsausschnitte aus der Fachpresse zur Hand, übermittelte Dekorationsvorschläge und half bei der Plazierung der Ware mit. Ein freundliches Wort für mich und mein Personal war selbstverständlich.«

## 285 (PE) TOP TIPS FÜR

**Beraten, Verhandeln und Verkaufen**
**Autor: PETER EBELING BDVT —**
**Fachtrainer und Autor — 6535 Gau-Algesheim**

1 Persönliche Einstellung zum Verkauf ☐
2 Wichtige Zielsetzungen ☐
3 Planung und Vorbereitung ☐
4 Richtiges Timing ☐
5 Kontaktphase und Einstieg ☐
6 Überzeugungsvorgang ☐
7 Technik der Kundenbeeinflussung ☐
8 Das eigene Verhalten ☐
9 Das Verhalten des Kunden ☐
10 Gesprächspartner beobachten ☐
11 Richtige Geschäftsführung ☐
12 Psychologisch richtig fragen ☐
13 Gekonnte Einwandbehandlung ☐
14 Richtiges Zuhören ☐
15 Auf Stimme und Ton achten ☐
16 Aussehen und Kleidung ☐
17 Richtige Formulierungen ☐
18 Strategie und Taktik ☐
19 Beeinflusser- und Gruppengespräche ☐
20 Wichtige Kaufsignale ☐
21 Abschlußtechniken ☐
22 Gesprächsaufbau und -durchführung ☐
23 Demo-Technik und Präsentation ☐
24 Bestätigung und Referenzen ☐
25 Vorinformation über den Kunden ☐
26 Achten Sie auf Vertrauen und Glaubwürdigkeit ☐
27 Umfeld und Atmosphäre beachten ☐

## 285 (PE) TOP-TIPS ☑

28 Follow-up — Nachbearbeitung ☐
29 Mehr visuell verkaufen ☐
30 Selbststudium und Training ☐

## 285 (PE) TOP-TIPS ☑

**1 Persönliche Einstellung zum Verkauf**

- ○ Zielsetzung: Den Kunden optimal beraten! ☐
- ○ Achten Sie streng auf Pünktlichkeit ☐
- ○ Ausdauer und Erfolgswille sind wichtig ☐
- ○ Partnerschaft anstreben ☐

**2 Wichtige Zielsetzungen**

- ○ Neue Produkte gezielt vorstellen ☐
- ○ Den Kunden stets optimal beraten ☐
- ○ Konflikte und Streitgespräche vermeiden ☐
- ○ Versuchen Sie, den Kunden dauerhaft an sich zu binden ☐
- ○ Partnerschaft anstreben ☐
- ○ Zufriedene Kunden schaffen ☐

**3 Planung und Vorbereitung**

- ○ Nehmen Sie sich für das Kundengespräch genügend Zeit ☐
- ○ Erstellen Sie rechtzeitig Ihr Angebot ☐
- ○ Bestücken Sie Ihr Auto mit den notwendigen Arbeitsutensilien und Arbeitsunterlagen (Muster, Prospekte etc.) ☐
- ○ Erstellen Sie eine Bedarfsanalyse ☐
- ○ Sorgen Sie für auf den neuesten Stand gebrachte Broschüren, Prospekte, Muster, Verkaufsunterlagen ☐
- ○ Überdenken Sie Problemlösungen ☐

- ○ Markt- und Trendbeobachtungen anstellen ☐
- ○ Kundenziele ermitteln und analysieren ☐
- ○ MAN-Formel beachten (Mittel — Autorität — Nutzen) ☐
- ○ Umfeldwissen erarbeiten ☐
- ○ Zielmärkte ansteuern ☐
- ○ Konkurrenz-Beobachtungen vornehmen ☐
- ○ Optimale Vorbereitung und Gesprächsplanung ☐
- ○ Vorinformationen über den Kunden sammeln ☐
- ○ Die wichtigsten Diskussionspunkte vorher festlegen ☐
- ○ Besuchsplanung am Vorabend vornehmen ☐

**4 Richtiges Timing**

- ○ Bei allem Tun: den richtigen Zeitpunkt wählen! ☐
- ○ Streng auf Pünktlichkeit achten ☐
- ○ Flexibel sein ☐
- ○ Für den Kunden genügend Zeit nehmen (einplanen!) — open end ☐
- ○ Legen Sie die Termine psychologisch richtig ☐
- ○ Verhandlungszeit und -termin vorher festlegen und absprechen ☐
- ○ Besuchsplanung am Vorabend vornehmen ☐

## 285 (PE) TOP-TIPS ☑

**5 Kontaktphase und Einstieg**

- ○ Achten Sie auf freundlichen Blickkontakt ☐
- ○ Versuchen Sie, in erster Linie Sympathie zu schaffen ☐
- ○ Gehen Sie auf ein Lieblingsthema (Hobby) des Kunden ein ☐
- ○ Treten Sie positiv auf ☐
- ○ Schaffen Sie richtige Gesprächsatmosphäre ☐
- ○ Es ist wichtig von vornherein Vertrauen »auszustrahlen« ☐
- ○ Das Einstiegsgespräch total beherrschen ☐
- ○ Gemeinsamkeiten ansprechen ☐
- ○ Interesse und Neugierde wecken ☐
- ○ Kundenwünsche ansprechen ☐
- ○ Mit einer Bedarfsanalyse beginnen ☐
- ○ Dem Kunden gründlich den Nutzen erklären ☐

**6 Überzeugungsvorgang**

- ○ Übertreibungen und Superlative vermeiden ☐
- ○ Das Gespräch muß gut strukturiert sein ☐
- ○ Dem Kunden gründlich die Nutzen aufzeigen ☐
- ○ Den Kunden in die Demo mit einbeziehen ☐
- ○ Nicht überreden — sondern überzeugen! ☐
- ○ Schwer verständliche Vorgänge bildlich darstellen ☐
- ○ Lassen Sie den Kunden Erfolgserlebnisse haben ☐
- ○ Mit Block und Bleistift arbeiten ☐
- ○ Alternativen anbieten ☐

- ○ Mit Fotos, Grafiken etc. arbeiten ☐
- ○ Broschüren, Muster, Prospekte, Statistiken einsetzen ☐
- ○ Bestätigungsformulierungen verwenden ☐
- ○ Mit der »Sprache des Kunden« sprechen (Fachausdrücke nur in unumgänglich notwendigem Maße anwenden) ☐
- ○ Den Kunden nicht mit zu vielen Informationen auf einmal »überrumpeln« ☐

**7 Technik der Kundenbeeinflussung**

- ○ Um ihn beeinflussen zu können, muß man den Kunden erst einmal verstehen! ☐
- ○ Manchmal ihn um Rat fragen ☐
- ○ Dem Gesprächspartner helfen (Ich stehe Ihnen immer zur Verfügung ...) ☐
- ○ Spezielle Lösungen für den Kunden finden ☐
- ○ Kundenorientiert argumentieren ☐
- ○ Persönlichen Kontakt anstreben ☐
- ○ Gemeinsamkeiten ansprechen ☐
- ○ Versuchen, den Kunden aufzuwerten ☐
- ○ Den Kunden in einen Ja-Rhythmus bringen durch Aufzählen der Produktvorteile ☐
- ○ Kundenwünsche ansprechen — auf sie eingehen ☐
- ○ Geburtstagskarten verschicken ☐
- ○ Den Kunden zum Essen einladen ☐
- ○ Die richtige Gesprächsatmosphäre schaffen ☐

- ○ Persönliche Beziehungen zum Kunden aufbauen ☐
- ○ Dem Kunden das verkaufen, was er will! ☐
- ○ Lassen Sie den Kunden Erfolgserlebnisse haben ☐
- ○ Dem Kunden Lob und Anerkennung entgegenbringen ☐
- ○ Bestätigungsformulierungen verwenden ☐
- ○ Auf Lieblingsthema des Kunden eingehen ☐
- ○ Persönlichen Kontakt zum Kunden aufbauen und festigen ☐
- ○ Versuchen Sie, außergewöhnlich zu sein und in Erinnerung zu bleiben ☐

**8 Das eigene Verhalten**

- ○ Standfestigkeit zeigen ☐
- ○ Sympathie gewinnen ☐
- ○ Einfühlungsvermögen besitzen ☐
- ○ Vermeiden, belehrend zu wirken ☐
- ○ Sicherheit ausstrahlen ☐
- ○ Positiv auftreten ☐
- ○ Konflikt- und Streitgespräche vermeiden ☐
- ○ Unwahrheiten vermeiden ☐
- ○ Vermeiden Sie Fachterminologie ☐
- ○ Erfolgswille und Ausdauer sind wichtig ☐
- ○ Mit totaler Konzentration verkaufen ☐
- ○ Auf einer Ebene verhandeln ☐
- ○ Eine gute Verkaufsatmosphäre schaffen ☐
- ○ Überheblichkeit und Arroganz vermeiden ☐

## 285 (PE) TOP-TIPS ☑

**9 Das Verhalten des Kunden**

- ○ Kundenwünsche erkennen und ernstnehmen ☐
- ○ Persönliche Eigenarten des Kunden studieren ☐
- ○ Kundenreaktionen beobachten und beachten ☐
- ○ Technik der Beobachtungskunst aufbauen ☐

**10 Gesprächspartner beobachten**

- ○ Kundenwünsche erkennen und ernstnehmen ☐
- ○ Persönliche Eigenarten des Kunden studieren ☐
- ○ Mit totaler Konzentration verkaufen ☐
- ○ Technik der Beobachtungskunst aufbauen ☐
- ○ Auf Mimik und Gestik des Partners achten ☐
- ○ Seine Körpersprache beobachten ☐

**11 Richtige Gesprächsführung**

- ○ Wer fragt, der führt ☐
- ○ Nicht zu viele Punkte auf einmal bringen ☐
- ○ Nicht alle Argumente auf einmal »verschießen« oder gleich zu Anfang des Gesprächs ins Feld führen ☐
- ○ Das Gespräch selbst steuern ☐
- ○ Lernen, auch mal NEIN zu sagen ☐
- ○ Den Kunden in einen Ja-Rhythmus bringen durch Aufzählen positiver Produkt-(Serviceleistungs-) Eigenschaften ☐
- ○ Den Kunden glauben machen, eine Idee stamme von ihm ☐

- ○ Gezielt neue Produkte vorstellen ☐
- ○ Kundenwünsche ansprechen ☐
- ○ Im Gespräch und in der Argumentation flexibel bleiben ☐
- ○ Übertreibungen und Superlative unbedingt vermeiden ☐
- ○ Weniger ICH- und mehr SIE-Formulierungen verwenden ☐
- ○ Das Gespräch muß gut strukturiert sein ☐
- ○ Den roten Faden nicht verlieren ☐

**12 Psychologisch richtig fragen**

- ○ Suggestiv-Fragen verwenden ☐
- ○ Auf gestellte Fragen auch richtig eingehen ☐
- ○ Das Gespräch durch geschickte Fragen steuern ☐
- ○ Wer Fragen stellt, führt das Gespräch ☐
- ○ Weniger Fragen — mehr Aussagen? ☐
- ○ Vorsicht bei Gegenfragen; Gegenfragen dürfen nicht aggressiv wirken ☐
- ○ Dem Kunden zuhören und Zwischenfragen stellen ☐
- ○ Wer viel fragt, erfährt viel ☐

**13 Gekonnte Einwandsbehandlung**

- ○ Gekonnt auf Einwände eingehen ☐
- ○ Einwände begrüßen ☐

## 285 (PE) TOP-TIPS ☑

- ○ Vorsicht bei Gegenfragen; sie dürfen nicht aggressiv wirken ☐
- ○ Kompromisse vorschlagen ☐
- ○ Vorwürfe vermeiden ☐
- ○ Unterscheiden Sie zwischen objektiven und subjektiven Einwänden ☐
- ○ Ausreden erkennen ☐
- ○ Lernen Sie, aus Einwänden zu profitieren ☐
- ○ Psychologisch optimal fragen und argumentieren ☐
- ○ Fair bleiben! ☐
- ○ Mit Block und Bleistift arbeiten ☐
- ○ Dem Kunden nicht ins Wort fallen ☐
- ○ Darauf achten, daß das Preis-Leistungsverhältnis stimmt ☐
- ○ Dem Kunden — wenn möglich — das verkaufen, was er will ☐
- ○ Konflikt- und Streitgespräche vermeiden ☐
- ○ Sachlich bleiben ☐
- ○ Unbedingt bei der Wahrheit bleiben — auch wenn's weh tut ☐
- ○ Pausentechnik verwenden, um Zeit zu gewinnen für eine plausible Antwort ☐
- ○ Auch negative Aspekte beantworten ☐
- ○ Flexibel sein ☐
- ○ Über- (und Unter-)treibungen vermeiden ☐
- ○ Einfühlungsvermögen zeigen — Verständnis für den Kunden haben ☐

- ○ Gute Entgegnungen auf zu erwartende Einwände erarbeiten ☐

**14 Richtiges Zuhören**

- ○ Die Kunst beherrschen, richtig zuzuhören ☐
- ○ Sich für den Kunden Zeit nehmen ☐
- ○ Ihn ausreden lassen und nicht unterbrechen ☐
- ○ Monologe vermeiden — mehr Dialoge ☐
- ○ Auf Blickkontakt beim Zuhören achten ☐
- ○ Auf den letzten Satz des Kunden eingehen ☐
- ○ Dem Kunden nicht ins Wort fallen ☐
- ○ »Aktiv zuhören« (kleine Zustimmungsäußerungen — Kopfnicken — bestätigen) ☐

**15 Auf Stimme und Ton achten**

- ○ Richtigen Tonfall wählen ☐
- ○ Klar und deutlich sprechen ☐
- ○ Auf gute Stimm-Modulation achten ☐
- ○ Klar, deutlich und präzise sprechen ☐
- ○ Nicht zu schnell — zu langsam sprechen ☐
- ○ Nicht zu laut und nicht zu leise reden ☐

**16 Aussehen und Kleidung**

- ○ Kleidung muß angepaßt sein ☐
- ○ Positive Ausstrahlung haben ☐
- ○ Auf gepflegtes Äußeres achten ☐

- ○ Keine Nachlässigkeiten (abgerissene Knöpfe, ungeputzte Schuhe etc.) ☐
- ○ Sauberkeit an erster Stelle ☐

**17 Richtige Formulierungen**

- ○ Weniger ICH- und mehr SIE-Formulierungen ☐
- ○ Gute Bestätigungs- (Zustimmungs-)Formulierungen anwenden ☐
- ○ Den Kunden in »Ja«-Rhythmus versetzen durch Aufzählen positiver Material- (Leistungs-)Eigenschaften ☐
- ○ Frageformulierungen verwenden, die als Antwort ein Ja erwarten lassen ☐
- ○ Möglichst die Formulierung »Ja, aber ...« vermeiden ☐
- ○ Mit der Sprache des Kunden sprechen ☐
- ○ Wortformulierungen vermeiden, die zu Aggressionen führen könnten (zum Widerspruch reizen) ☐

**18 Strategie und Taktik**

- ○ Versuchen Sie, außergewöhnlich und anders zu sein als die anderen, um in Erinnerung zu bleiben ☐
- ○ Versuchen Sie stets, den Geprächsablauf selbst zu steuern und in die Hand zu nehmen ☐
- ○ Lassen Sie den Kunden Erfolgserlebnisse haben — »Er ist der Größte!« ☐

- ○ Zollen Sie dem Kunden Lob und Anerkennung (besonders dann, wenn er eine Kaufentscheidung getroffen hat) ☐
- ○ Vermeiden Sie Monologe — besser Dialoge ☐
- ○ Ihr Vortrag muß gut fundiert und strukturiert sein ☐
- ○ Verkaufen Sie mit Ideen ☐
- ○ Erstellen Sie rechtzeitig Ihr Angebot, und legen Sie es zum richtigen Zeitpunkt vor ☐
- ○ Arbeiten Sie viel mit bildlichem Material ☐
- ○ Kundenbesuche nach Dringlichkeit durchführen ☐
- ○ Bessere Betreuung der Altkunden anstreben ☐
- ○ Sortimentsausbau bei Altkunden forcieren ☐
- ○ Versuchen, den Kunden dauerhaft an sich zu binden ☐
- ○ Versuchen Sie, den Verkauf durch »Kunden-Ideen« zu steigern ☐
- ○ Problemlösungen parat haben ☐
- ○ Den Kunden glauben machen, eine Idee stamme von ihm ☐
- ○ Markt- und Trendbeobachtungen anstellen ☐
- ○ Den Kunden mal zum Essen einladen ☐

**19 Beeinflusser- und Gruppengespräche**

- ○ Vergessen Sie nicht die Mitbeeinflusser ☐
- ○ Bei Gruppengesprächen besonders vorteilhaft: Verwendung von Flipcharts und Schaubildern ☐

- ○ Alle Teilnehmer eines Gespräches (Demo, Präsentation) gleichmäßig behandeln und beachten ☐
- ○ Niemanden bevorzugt in Gespräch verwickeln ☐
- ○ Bei größeren Gesprächsrunden besonders auf Blickkontakt zu allen achten ☐

**20 Wichtige Kaufsignale**

- ○ Körpersprache des Gesprächspartners beachten ☐
- ○ Bei zuverlässigen Zeichen von Kaufbereitschaft: nicht zerreden und zugreifen! ☐
- ○ Kaufsignale beachten und umgehend darauf eingehen ☐
- ○ Teilentscheidungen des Kunden nicht ignorieren, sondern aus- und aufbauen ☐

**21 Abschlußtechniken**

- ○ Das Verkaufsgespräch geschickt zum Abschluß hinführen ☐
- ○ Abschlußtechniken beherrschen ☐
- ○ Keine Angst vor der Abschlußfrage ☐
- ○ Bestätigungsformulierungen parat haben ☐
- ○ Den Kunden wissen lassen, daß er nach dem Abschluß nicht allein gelassen wird ☐
- ○ Dem Kunden zu einer Kaufentscheidung verhelfen ☐
- ○ Kunden zu seinem Kaufentscheid beglückwünschen ☐

- ○ Gute Problemlösungen anbieten ☐
- ○ In der Abschlußphase selbstsicheres (kein überhebliches) Auftreten an den Tag legen ☐
- ○ Mut haben, den Kunden nach dem Auftrag zu fragen ☐
- ○ Auf den Rund-um-Verkauf achten ☐
- ○ Gegebenenfalls Alternativen anbieten ☐
- ○ Klares, konkretes Angebot überreichen ☐
- ○ Das Gesagte nochmals bestätigen (gemachte Zusagen wiederholen) und schriftlich fixieren ☐
- ○ Auf eine Unterschrift hinarbeiten ☐
- ○ Kundenwünsche frühzeitig erkennen und auf Kaufsignale achten ☐
- ○ Angebot klar und unmißverständlich formulieren ☐
- ○ »Standfestigkeit« zeigen ☐
- ○ Wissen: »Wann schließe ich ab?« ☐
- ○ Spezielle Lösungen für den Kunden finden ☐
- ○ Kompromisse (Alternativen) vorschlagen ☐

**22 Gesprächsaufbau und -durchführung**

- ○ Ein Verkaufsgespräch sollte fachkundig und beratend sein! ☐
- ○ Versuchen Sie, den Gesprächsablauf selbst zu steuern ☐
- ○ Achten Sie auf den roten Faden ☐
- ○ Ein Thema darf nicht »zerredet« werden ☐
- ○ Guter Einstieg ☐

- ○ Guter Abgang ☐
- ○ Angenehme Gesprächsatmosphäre ☐
- ○ Störungsfaktoren ausschließen ☐
- ○ Logischer und verständlicher Vortragsablauf ☐
- ○ »Fachchinesisch« vermeiden ☐

**23 Demo-Technik und Präsentation**

- ○ Schwierige Zusammenhänge bildlich darstellen ☐
- ○ Neue Produkte besonders gezielt vorstellen ☐
- ○ Mit Block und Bleistift arbeiten ☐
- ○ Auf Rund-um-Verkauf achten ☐
- ○ Individuelle Vorführung durchführen ☐
- ○ Nutzen für den Kunden verkaufen (»... das bedeutet für Sie ...«) ☐
- ○ Technik einer optimalen Vorführung beherrschen ☐
- ○ Die Sinnesorgane des Kunden ansprechen (riechen, schmecken, fühlen lassen) ☐
- ○ Flipcharts und Schaubilder verwenden ☐

**24 Bestätigung und Referenzen**

- ○ Referenzen zufriedener Kunden vorlegen ☐
- ○ Nach dem Motto arbeiten: Ich will den Kunden zufriedenstellen ☐
- ○ Lassen Sie sich von dem Kunden bestätigen, daß er mit Ihrem Haus, Ihren Leistungen usw. zufrieden war. ☐
- ○ Lassen Sie sich weiterempfehlen ☐

## 285 (PE) TOP-TIPS ☑

**25 Vorinformationen über den Kunden**

- ○ Der Zeitaufwand des Informations-Sammeln lohnt sich immer und macht sich bezahlt ☐
- ○ Es ist in jedem Falle wichtig, Kunden-Vorinformationen zu erhalten ☐
- ○ Finden Sie besonders die Finanzierungs- und Budget-Situation heraus ☐
- ○ Auch Hobbys und Interessen können für Sie von Wichtigkeit sein, um Gemeinsamkeiten zu finden ☐
- ○ Wichtig ist auch zu wissen, ob Ihr Gesprächspartner kompetent ist, mit Ihnen zu verhandeln ☐

**26 Achten Sie auf Vertrauen und Glaubwürdigkeit**

- ○ Bleiben Sie unbedingt bei der Wahrheit ☐
- ○ Vermeiden Sie sogar »Halbwahrheiten« ☐
- ○ Versuchen Sie, den Kunden optimal zu beraten ☐
- ○ Termine und Vereinbarungen müssen strikt eingehalten werden ☐
- ○ Geben Sie nie Anlaß, an Ihnen zu zweifeln ☐
- ○ Gewinnen Sie vom ersten Augenblick an Sympathie ☐
- ○ Ihre Zuverlässigkeit muß unantastbar sein ☐
- ○ Bluffen lohnt sich nicht ☐
- ○ Bleiben Sie stets fair ☐
- ○ Geben Sie ruhig einmal eine Wissenslücke zu! ☐

**27 Umfeld und Atmosphäre**

- ○ Der Verhandlungsort (-platz) muß richtig gewählt sein ☐
- ○ Mögliche Störfaktoren sind auszuschalten ☐
- ○ Schaffen Sie eine angenehme, ruhige Atmosphäre ☐
- ○ Vermeiden Sie den Eindruck von Hektik ☐
- ○ Seien Sie ein guter »Gastgeber« ☐

**28 Follow-up — Nachbereitung**

- ○ Angepaßtes Nachfassen (Hochdruck vermeiden) ☐
- ○ Sich immer wieder in positive Erinnerung bringen ☐
- ○ Kundenbetreuung — auch nach dem Verkauf ☐
- ○ Service-Leistungen nicht vergessen ☐
- ○ Bessere Betreuung der Altkunden ☐
- ○ Verkaufen Sie dem Kunden auch Ihren Service ☐
- ○ Sortimentsausbau bei Altkunden ☐
- ○ Den Kunden nach dem Verkauf nicht allein lassen ☐
- ○ Gemachte Zusagen und Versprechen unbedingt einhalten ☐

## 285 (PE) TOP-TIPS ☑

**29 Visuell verkaufen**

- ○ Lassen Sie den Kunden rechtzeitig und ausgiebig sehen, was Sie anzubieten haben ☐
- ○ Ein Bild sagt mehr als 10 Ausführungen im Theoretischen ☐
- ○ Verwenden Sie Flipcharts und Schaubilder, Broschüren und Abbildungen (Fotos) ☐
- ○ Und natürlich: Musterstücke ☐
- ○ Besonders bei schwerverständlichen Zusammenhängen sind bildliche Darstellungen unerläßlich ☐
- ○ Arbeiten Sie mit Block und Bleistift ☐

**30 Selbststudium und Training**

- ○ Umfeldwissen besitzen ☐
- ○ Immer auf dem neuesten Stand seines Metiers sein ☐
- ○ Vor- und Nachteile der Konkurrenz studieren ☐
- ○ Produktwissen gibt mehr Sicherheit ☐
- ○ Sich bei Mißerfolgen ehrlich fragen: »Warum?« ☐
- ○ Ständig an sich selbst arbeiten ☐
- ○ Selbstkontrolle durchführen ☐
- ○ Eigene Fehler ehrlich aufdecken und um Besserung bemüht bleiben ☐
- ○ Markt- und Trendbeobachtungen anstellen ☐

# Neue Praxis-Bücher für Sie

**Pfiffige Zitate für Verkäufer**

208 Seiten, DM 29,80

Zitate, Bonmots, Bemerkungen, Aphorismen, Maximen, Weisheiten und Dummheiten.

**Zündende Verkaufsideen**

289 Seiten, DM 48,–

Über 100 typische Situationen für Verkäufer mit praktischen Empfehlungen und Tips.